无印良品育才法则

（日）松井忠三 著
良品计划前会长

吕灵芝 译

MUJI
Tadamitsu Matsui

無印良品の、人の育て方
"いいサラリーマン"は、会社を滅ぼす

新星出版社　NEW STAR PRESS

【对外保密】

经营建议书

良品计划株式会社

※ 本教材收录有对外保密的公司信息，请务必严守保密原则。

　　无印良品有一本关于"该如何培养下属和店员"的简洁明了的教材。此外，还有保证高效率人事的机制。

　　只是，就算完整背诵了上面提到的"经营建议书"（后述）中凝炼的无印良品的特色内容，想必也没有什么意义（虽说如此，但这本教材依旧是"对外保密"，因此无法全部公开）。

　　本书将会适当公开其中的部分内容，请各位读者务必用心体会中间潜藏的理念，并利用它来为你的下属、你自己以及你的公司派上用场。

目　录

contents

前言

序章　无印良品的离职率为何这么低
"让人成长的公司"才是"好公司"_002 / "故意制造"逆境的理由 _007 / 培育"生在无印，长在无印"的员工 _012 / 为什么现在要以"终身聘用 + 实力主义"为目标 _017

Chapter One
用"不间断的柔性调动"培养人
"这个"决定了八成的人才培养 _024 / "不间断的调动能够培养人"的五大理由 _028 / "透明的组织"是这样诞生的 _034 / 创造柔性职场的"基础" _036 / 公平公开地选择"后继者"——人才委员会 _041 / 每半年调整一次后继者名单的"五级考核表" _046 / 在评价时"排除上司的个人感情" _051 / 可能只是"现在处于低潮期" _056 / "培养"机制——人才培养委员会 _059 / 开展"有意义的跨行业交流会" _063 / 能否培养"世界性的人才" _067

Chapter Two

将年轻员工培养成"中流砥柱"的机制

用身体去理解"现实"与"理想"的鸿沟 _070 / 为何入职三年就能担任"店长"_074 / "下属管理"究竟是什么? _078 / "任何人"都能具备领导力 _082 / 新员工必定会遇到的壁垒 _086 / 培养年轻员工的秘诀——"若即若离" _090 / 让新员工在"培养人"的过程中成长 _095 / 只有遭遇不及格的时刻才是走向"真正职业生涯"的开端 _106

Chapter Three

强化自己"想办法解决问题"这一能力的方法

越是疼爱的孩子,就越要让他吃苦 _110 / 是否具有"一个人想办法解决问题"的经验 _115 / 海外短期研修从制定计划的阶段开始"全权交给本人" _128 / 从外部明确"自己公司的长处和短处" _133 / 绝对"不逃避"问题 _142

Chapter Four

"团队合作"不能创造,而要培养

无印良品里有"团队",没有"派系" _148 / 最强的团队不能"创造",而要"培养" _152 / "没有"理想的领导者形象 _156 / 领导者的资质——"是否会犹豫朝令夕改" _160 / 积极性来自"成果" _164 / 如何应对"有问题的下属" _167 / 是否混淆了"妥协"与"决断" _174 / 全体成员都要共享团队目标 _177 / 新官上任要"坦率" _181

Chapter Five

激发积极性的"交流"法

是否正确运用了"夸奖与训斥"？_186 / 真心想夸奖时"不要直言不讳"_189 / "挖掘失误的背景"是领导者的工作 _192 / "下属的反驳"有八成是正确的 _195 / 对借口要"追究到底"_198 / 正确认识到人的缺点是"改不了"的 _202 / 激励"没有冲劲的下属"_207 / 一百次讨论不如一次聚会 _211

结语 为了"继承"理念

前言

人只能在"炼狱"中成长

经常有人问我,"为什么无印良品的员工离职率这么低?"

确实,公司员工的工龄每年都在升高。

2001年由于经营状况恶化,员工大量离职,导致了人手不足的困境。然而到了今天,无印良品却已经上了"想在这个品牌公司里做兼职"的排行榜第二名("2013兼职人气品牌排行榜"),是一家十分稳定的公司了。

无印良品为何能成为员工希望留下来任职的公司?我认为主要原因有三个。

①有很多人因为喜欢无印良品这个品牌而加入

　　我感觉，无印良品有许多员工怀有的都不是"爱社精神"，而是"爱品牌精神"。想必是因为他们自己也很喜欢穿着简约而实用的无印良品，所以就对自己的工作产生了自豪感吧。

②依靠内部采用机制让慢慢培养起来的人成为正式员工

　　关于内部采用机制，在后文会进行详细说明，简单来说，就是从店铺的兼职人员中选取有能力的人聘用为正式员工的制度。通过内部采用转正的员工，无疑是"生在无印，长在无印"的人，他们的脑中已经完全渗透了无印良品的哲学和理念。

③公司一直全力营造"有成就感"的职场氛围

　　无印良品的目标是终身聘用和实力主义。

　　尽管这仿佛与"终身聘用制已经终结"的时代潮流相悖，但若不保证终身聘用，就无法让员工安心工作。

此外，"如何创造成就感"还会联系到"如何培育人"。这就是本书的标题。前著（《解密无印良品》）中特别讲述了无印良品指南等机制的创建，在本书中则会公开无印良品独特的人事制度和员工培育方法。

无印良品并不进行人才培育，而是进行"人的培育"，而且整个公司都有着"培育人"的共识，其力度自然不可小视。

我一直认为，**员工不是资源，而是资本。**

若写成"人才"，会给人一种仅止于材料的错觉。一旦将员工视作资源，便会出现企业为了赚取利润而恣意压榨员工，将其消耗殆尽后便使用新人取而代之的情况。

可是，若把员工当成资本，他们便成了开创事业的必要源泉。必须悉心培养，精心守护。

员工并不是社长的所有物，理所当然地，下属也不是上司的私有财产。应该有很多人都怀有这样的错觉，所以他们会让员工不断加班，无视下属的心情安排不合理的工作。

无印良品过去也曾经存在那样的现象。不过我认为，现在的无印良品正在逐步摆脱那种环境，因此也提高了员工的稳定率。

同时，人的培养需要的是"炼狱体验"。

只有逆境才最能促进人的成长。

这样说或许稍嫌粗鄙，但不仅是我，相信有许多经历过逆境的领导者都抱有同样的想法。

反过来说，温吞水的状态无法让员工得到成长的机会。

或许他们能够成长为对公司有利的"好白领"，能成长为"调整"一下自己的工作、专心"维持"现状、擅长看别人"脸色"的员工。那么，这样的员工能否让公司变得更强呢？答案很明显。

至于能否让员工自身变得更强，也是同样的道理。温吞水的环境使他们没有必要去考虑革新，自然也无法获得发生问题时坚定决心加以突破的能力。

所以无印良品会特意制造促进员工成长的困境。

其中一个代表性的例子，就是调动（将在第一章详细介绍）。

无印良品的换岗与一般企业的调动大不相同。一言以蔽之，就是大胆而积极的调动。将资深员工投放到其毫无经验的部门，这种事情在公司里已经是家常便饭。因为要从零开始挑战新的工作，使得资深员工也不得不像新人一样付出汗水去学习。我认为，这样的经历能够促进人的成长。

很多企业都进行过这样的尝试，但都不够持久。而让这种方法成功的秘诀，正是培养人的关键所在。

最重要的是，人的培养同时也是对自己的培养。如果无法进行成功的培养，那么问题很可能存在于自己，而非对方身上。

我认为，本书不仅对经营者和管理人员，甚至对哪怕只有一个后辈或下属的人也有所帮助。因为人的培育并不局限于职场，在家庭、学校以及各种场合都是十分必要的。

只有为人的培养而烦恼的时刻，才能得到自身成长的机会。希望本书能够为读者们自身的成长提供助力。

松井忠三

序章

无印良品的离职率为何这么低

"让人成长的公司"才是"好公司"

"成为好公司的条件是什么？"

被问到这个问题时，其中一个回答便是"**员工不辞职的公司**"。

当然，我所指的并非强行挽留员工，不让他们辞职。而是一个能让员工乐意继续干下去的公司，员工不辞职的公司，这难道不是经营者最大的理想蓝图吗？

员工不辞职的公司，也可以称之为"让人有成就感的公司"。我们现在以及今后，都会为了这个目标而不断探索。

所谓成就感，不仅仅是由金钱堆砌出来的。

我认为，那应该是每天工作中得到好评的自豪，是感觉自身的成长，得到成果后的感动……这些更加切实的感情。

或许读者们会认为我在说漂亮话，只是，如果真的能够打造出实现那种成就感的公司，那么高业绩和公司发展也必定会随之实现。

我在前作《解密无印良品》中，曾经讲述过本公司实现 V 字恢复的时期。

当公司处在V字最底端时，员工无精打采，公司里到处充斥着紧张的氛围。即便在制定各种机制，使公司出现恢复征兆后，还是有很多人抱有不满情绪。当时我听到最多的一句话就是："我很喜欢无印良品，但是很讨厌良品计划。"

换句话说，就是喜欢无印良品这个品牌，却不喜欢公司的体制。虽说改革必定伴随阵痛，但我还是受到了很大的打击。

无论哪个企业，都会遇到风浪起伏，既有好的一面，也有坏的一面，不存在能够100%让人满意的企业。

如今挑起无印良品大梁的，大部分都是那些经历了风浪的员工。尽管在低谷时有许多员工离开，但还是有许多员工选择了留下来重振无印良品。

如今这些三十多岁、四十多岁的员工，为何在十三年前的低迷时期没有离开，而是选择了继续留在这里工作呢？虽然理由各不相同，但我认为，最大的原因或许就是想跟现在的伙伴继续工作下去，或者认为在这个公司能够发挥自己的独特个性。正因为这样，他们才最终选择了跟无印良品共同成长的道路。

我一直致力于营造一个能让员工实现自我价值的公司环境，为此，员工们也做出了努力。大家都在不断磨练自己，怀着无论遇到任何困难都绝不放弃的强韧意志，与同事协同合作，最终获得成果。

我感觉到，现在无印良品的员工比以往任何一个时期都要强大。

尽管用数字并不足以衡量，但我还是想给出最近的离职率作为参考。

无印良品本部员工的离职率，最近这五六年都维持在 5% 以下。大概十年前的某个时期，公司离职率曾经超过 10%，但这个比率一直都在逐年下降。根据日本厚生劳动省平成二年聘用动向调查统计结果，批发业、零售业的平均离职率是 14.4%，与之相比，无印良品的离职率可谓非常低。

至于学生打工和兼职一类员工的离职率，在十年前高达 30~40%，这五六年间也已降至 20% 左右。

离职率的变化

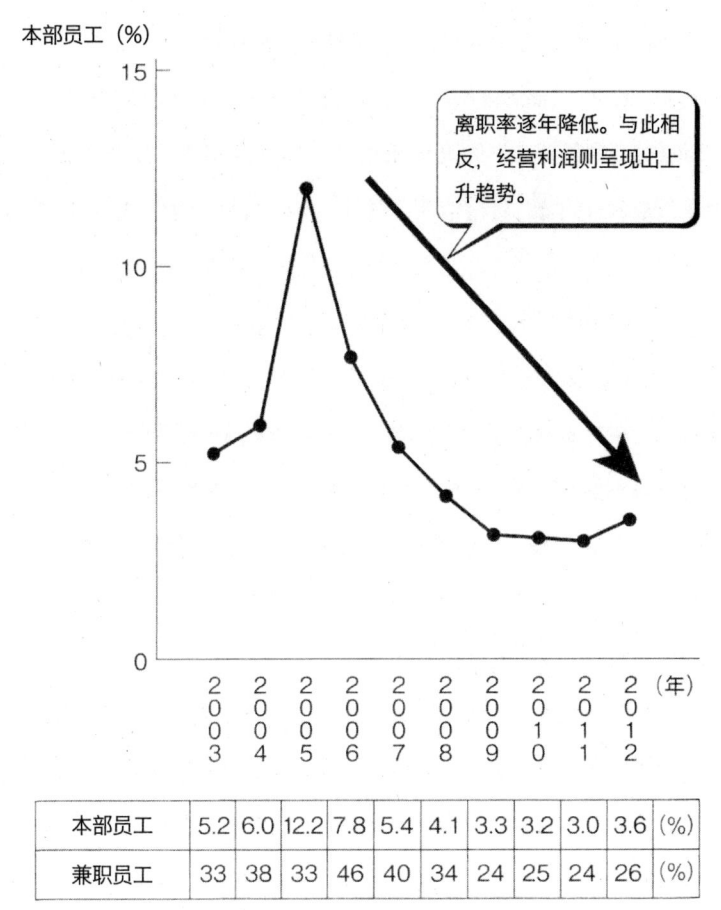

本部员工（%）

> 离职率逐年降低。与此相反，经营利润则呈现出上升趋势。

本部员工	5.2	6.0	12.2	7.8	5.4	4.1	3.3	3.2	3.0	3.6	(%)
兼职员工	33	38	33	46	40	34	24	25	24	26	(%)

开始致力营造"有成就感"的职场环境后，离职率就逐渐减少了。

离职率低，也可以理解为员工对公司的满意度高。

"Great Place to Work® Institute Japan"这个调查机构每年都会统计"最有工作价值公司排行"。这个机构会给各个企业员工发放调查问卷，针对信任、尊重、公正、骄傲、团结这五个要素进行调查。由于各企业人事和经营部门无法接触到调查内容，因此能够统计到真正的员工评价。

良品计划2012年排在第25名，2013年排在第21名，一直都保持在前30名之内，到了2014年，竟然一跃上升到第15名。这让我不禁深深感慨，打造"有成就感"的公司这一目标是否已经一点点得出成果了呢。对我来说，这个结果是十分可喜的。

虽说如此，如果各位感到现在的工作毫无价值，我也不打算说"请到无印良品来"。

因为即使不那样做，只要改变自己"内心的机制（态度）"，应该就能从眼前的工作中感受到价值。本书除了介绍无印良品的人才培养，同时也希望能够探讨如何才能成长，如何让自己的工作具有价值。

"故意制造"逆境的理由

"调动不合心意,因此没有了干劲。""突然接到海外派遣或被调动到意想不到的部门,心里充满不安和不满。"——想必有许多职员都有过类似的经历。

我也一样,大学毕业后虽然进入了西友,却在四十岁那年被调动到了当时规模还很小的无印良品。那样的调动,实际上可以理解为左迁。

不仅是我自己,我还见过很多人在升职斗争中败北,或是工作上出现差错,最终遭到左迁。

一旦被左迁,通常会出现两种情况:

一种是大受打击,随即在新天地里拼命工作证明自己。

一种是永远埋怨周围的环境,渐渐堕落。

我有一种感觉,就是学历越高的人,越容易变成后者。他们似乎都很容易一蹶不振,最终离开原本的组织,可是到了新职场依旧难改低迷状态,陷入恶性循环。

由于我目睹了很多那样的遗憾，在调动到无印良品之后，便下定决心"全力完成交给自己的所有任务"。几年后，总公司问我想不想回西友，当时很多与我一同调动过来的人都选择了回去，而我却选择了留在无印良品。

要如何才能推动自己成长呢？

有人会去考取资格证书，或是到商业学院深造，但在那些地方学到的知识和技能并不能让自己成长多少，因为其中缺乏了实地体验。

正如考取机动车驾照，虽然在驾校能够学到很多理论知识和基本驾驶技能，但实际却要等拿到驾照之后一个人开到路上才能实现真正上手。最近多了一种模拟装置可以体验"驾车"感觉，但是真正开到路上，险些酿成交通事故的瞬间得到的经验比那有用百倍。

这么说不免难登大雅之堂，但我还是要指出："**置身逆境**"**才能得到最好的效果。**

如今能够体验逆境的场合越来越少了。几乎人人都能考上大学，而且很多学校都在实施避免过度竞争的教育方式。即使初到社会，也有越来越多的企业以"现在的年轻人越来越脆弱"为理由，进行尽量避免失败的员工教育。

这样一来，一旦遭遇重大的失败或意外，企业就会溃不成军。今后，企业间的竞争和国际贸易将会愈演愈烈，经受不住打击的人才不可能跟得上时代的脚步，而愈挫愈强的人才无论在任何时代任何环境中都能存活下来。可是如今这个时代，若不自己主动寻觅，是很难找到试炼舞台的。

因此，无印良品会时不时地进行特别大胆的调动。

我们曾经将销售部门和管理部门的高层互相调动。那种时候会毫不留情，就算有人提出"现场会陷入混乱"，本部也会充耳不闻。

此外，新进员工首先会被派遣到店铺去，经过半年左右，又会被调动到其他店铺。对新人来说，好不容易适应了工作和环境时又要离开，心里或许会充满不安。

甚至连派遣到国外，也会以"一个月后你到中国去吧"这种

方式，进行突然通知。 随后派遣对象就要慌忙开始学习外语，同时也要赶紧在派遣地点寻找住处，诸如此类。尽管无印良品店铺里销售的商品给人一种柔和的印象，公司内部的环境却意外地严苛。

多数员工都会在这样的过程中把自己磨练得越来越坚韧。这样一来，无论遇到任何场面都能带着一种"总会有办法"的心情，**让自己火力全开地投入工作。**

根据招聘工作研究所"2010年职员调查"结果，回答最近的调动"符合自身意愿"的人仅占三成，那就意味着有七成的职员都在并不符合自身意愿的环境中工作。

想必许多本书读者目前也工作在并不符合自身意愿的岗位上吧。不过这是一种好现象。请务必不要寻求顺心如意的工作环境，而要让自己适应现在的工作岗位，并努力做出成果。相反，若有读者认为现在的工作环境十分顺心，就需要提高警惕了。因为那样的环境会让自己渐渐懈怠，失去成长的机会。

若读者们感觉自己最近越来越缺乏挑战精神，我建议各位将自己换到一个陌生的环境中去。既可以主动提出调动，也可以重新开发新的交易对象，将其当成一次挑战。若一味满足于手头的资源，而不去主动开拓，人只会越来越落后。

培育"生在无印，长在无印"的员工

在无印良品，基本上不会出现突然让外部人员进入本部的现象。即便是招聘社会人士，每年也只有两到三人左右。

虽说如此，毕竟无印良品的离职率还不是零，必须填补离职人员的空缺。每逢这种时候，无印良品都会开启"内部聘用"。

所谓内部聘用，就是将兼职人员吸收为本部员工。而兼职人员指的是在各个店铺工作的学生和兼职员工。针对每周能够工作二十八小时以上的人员，无印良品会与其签订兼职人员合同，今后还可以成为合同工和正式员工。换句话说，就是将兼职人员吸收到本部。

内部聘用不看性别、学历，也不看年龄，而是根据每个人的实力做出公正评价。

其实近几年，无印良品内部聘用的人数比校园招聘的人数还要多。

那是因为，生在无印，长在无印的兼职人员中出现了越来

多的优秀人才。

无印良品店铺的所有员工都要接受"MUJIGRAM"的指导。我在前作中介绍过MUJIGRAM，它与一般的指南不同。因为它并非从上至下的规定，而是根据在现场工作的员工和顾客们的希望总结而成。并且它并不存在制作完成这一概念，而是每月都会更新内容。因此只需隔上几年，其内容就会出现很大的变化。

从服装的折叠、上架，到店内清洁和库存管理，无印良品不存在"凭感觉"进行的工作，所有工作都有明确的目的和意义。MUJIGRAM的特征就在于，在教授工作方法之前，首先教授工作的目的。

教授"目的"，同时也是通过现场工作来传授无印良品的理念和哲学。通过每项工作来教授无印良品的思想，就能让其理念和哲学浸透到员工心中。我们就是这样来培育生在无印，长在无印的人才的。

"虽说如此，原本在店铺工作的人一旦转入本部，不就面临着全然不同的工作吗？"

想必有人会产生这样的疑问。

在无印良品，若非担任过店铺店长的员工，基本上是无法成为本部职员的。并且我们还会通过 MUJIGRAM 的教育，**让店长不仅仅是成为摆设，而是成为具有经营者能力和自觉的人才。**

除了掌握商品知识，店长们还必须精通与店员的沟通交流、财务管理、库存管理、店铺宣传等全方位业务。此外，发生问题时率先站出来进行解决，制定营业额目标也是店长这个"经营者"的工作。这样一来，他们就能**在店铺中找到身为经营者的感觉。然后才被吸收到本部。**

例如本部的商品开发，乍一看似乎与店铺毫无关系，实际并非如此。想必曾经每天在店铺直接接触客人的"原店长"才更了解顾客的需求吧。至于人事工作，有了在店铺招聘兼职人员的经验，自然应该具备看人的眼光，也通晓培育人才的方法。

换句话说，通过在店铺工作的经验，他们自然在一定程度上具备了身为无印良品本部职员必须拥有的能力。而从外部招聘的社会人员,则远没有那么容易培养。

首先,用人数来解决人的问题,这个方法本身就会弱化公司。

举个例子,营业额增长了10%,员工的工作因此而增多,那就再增加10%的员工吧——似乎很多公司都会产生这样的想法,可是这其中隐藏着很大的风险。

如果一直秉持着这样的想法不断增聘员工,在业绩良好时还看不出弊端,一旦业绩恶化,人事费用就会变成沉重的负担。因此不仅是不动产,每个企业还必须警惕人才的过剩投资,谨慎制定扩张路线。

根据我个人的经验,中途聘用的社会人士多数都会在几年后辞职。以前公司财务曾经聘用了几名社会人士,一开始那段时间工作非常顺利,可是没过多久,他们又被猎头公司挖走了。与此同时,别的员工也纷纷辞职,那时正值最重要的结算时期,公司内部顿时陷入了混乱。

我从那段时间的惨痛教训中学到了一个道理,那就是"用金钱挖来的人才最终会被金钱挖走"。然而只要将公司的运营交给熟悉无印良品这个组织的人，就不会产生伤及核心的混乱。为此，就算要多花一点时间，培育生在无印，长在无印的人依旧是最佳策略。

为什么现在要以"终身聘用＋实力主义"为目标

无印良品以终身聘用为目标。或许有些人听到这里，会误以为无印良品"老而僵"。其实确切地说，我们的目标是"创建正确评价员工实力的制度，并以终身聘用为目标，力求为员工提供稳定的生活保障"。

日本泡沫经济崩溃之后，终身聘用制的名声越来越坏，那是因为那种制度一直都与年功序列制捆绑在一起。真正有问题的是无论实力好坏，只要工作年数够长就能升职加薪这种压抑了正当竞争的体制。

我认为，能够让员工安心工作到退休的环境十分重要。若没有这一前提，可能就无法培养出热爱工作，热爱公司的精神。此外，若缺乏了薪酬逐渐上涨的机制，员工也无法从工作中得到成就感。

根据平成二十四年（2012年）日本劳工政策和培训研究所的调查，支持终身聘用的人占到 87.5%，是历年最高的比例。这就意味着将近九成的职员都希望在现在的企业里一直工作到退休。

在所谓"黑名单企业"[1]备受关注的同时，进入日本九十二家大型企业的社会新人在入职三年后没有任何人辞职，稳定率高达100%的傲人成绩却无人问津。在电力和天然气行业、建造业、航运业等业界中，实际存在着许多白名单企业。

这也就意味着，绝大多数年轻人都没有工作三年就想辞职的想法。事实上，多数人希望自己能在大学毕业后进入的第一家企业里一直干到退休。终身聘用制无论对职员还是聘方都是最佳的选择。可是，年功序列制却必须排除。

放眼国外，几乎没有企业会终身聘用白领员工。国外一般采取职务工资制度。所谓职务工资就是根据"工作内容"来分配工资。因此并不考虑员工的经验和年龄。职员们为了提高工资，都会通过上夜校、考资格证书等手段拼命学习，拼命工作。之所以说国

---

[1] 日本"黑名单企业"并不等同于通常意义上的"血汗工厂"，这种企业主要压榨自己的正式员工，大量采用刚走上社会的新人，强迫其超时工作，剥夺其私生活，最终导致员工大量离职，再继续聘用新人。换句话说，即是把员工当成"一次性消费品"的企业。（译者注）

外白领生产力高，或许就是因为这个。

与之相对，日本则是采取职能工资制度。职能工资是根据"工作能力"来分配工资的机制，而日本人一般认为工作年限越长，能力也就越高，这就联系到了年功序列制。

之所以有人评判日本白领的生产力不高，问题就出在这个即使没有能力也能自动加薪的体制。随着泡沫经济的崩溃，这种体制终于暴露了弊端，许多日本企业开始效仿欧美，崇尚以职务工资为基础的成果至上主义。

遗憾的是，渗透到日本的"欧美式成果至上主义"对许多企业来说其实是剧毒。

许多年轻人都认为"这样一来我就能凭实力取胜"，并为之大喜过望。可是与此同时，也有许多老员工则因为再也不能自动涨工资而焦虑不安。

那么接下来会发生什么呢？有人为了让上司提高对自己的评价，不再把本事传授给下属，甚至有人刻意压低对自己不喜欢的下属的评价。由于害怕失败，只做一些不痛不痒的工作，这使得很多企业开始从内部渐渐崩溃。

我认为，欧美式的成果至上主义并不适合日本。

因为日本注重团队合作，并不适合采用把旁人视为敌手的成果至上主义。欧美本来就奉行个人主义，因此成果至上主义才能在其中起到作用。

说到底，**流行并不代表"真理"**。单纯因为许多地方都已采用，便不顾一切跟风的企业必定吃了很大的苦头。

老实说，无印良品也曾引进过成果至上主义。

可是，过度崇尚成果至上主义会让一个企业最重要的"合作""共赢"遭到削弱。而无印良品想要实现的，却是团队合作实现业绩，所有人共同努力的环境。

于是，公司制定了在保证合作性的同时，又能正确评价个体实力的体系。例如在评价内容里加入部门整体评价。针对成绩优异的部门，则根据部门整体成绩来分配奖励基金。此外，针对销售部门，为了能让店铺全体员工共同努力提高顾客评价，公司还在个人目标中加入了提高顾客评价的项目。在小团体活动"WH

运动"（后述）中，在给人事部门指定了工资明细表网络化的目标后，又积极推进了销售部、系统部合作达成目标的风气。

是终身聘用，却不是年功序列。会评价个人实力，却不崇尚欧美式成果至上主义。这就是无印良品的聘用体制，同时也是打造让人不愿意辞职的公司的方法。我认为，或许这种体制才最适合日本企业。那些迟迟无法摒弃年功序列制的企业，以及无法正确评价员工实力的企业，请务必以此作为参考。

Chapter One

用"不间断的柔性调动"培养人

"这个"决定了八成的人才培养

一般企业的调动大体都呈现出以下趋势：

· 绝不对储备干部做出毫无关联的调动。例如营业部门的优秀人才就只让他在与营业相关的部门间调动。

· 上司把看不顺眼的下属调走。

· 如果下属很优秀，就算他主动提出调动，上司也不会同意。

· 把员工调动到人手不足的部门。可是不想放走优秀员工，便把离开后不会产生任何影响的人调过去。

· 刚进公司的时候经历过几次部门调动，其后就渐渐地固定在同一个部门。

· 给不想要的员工挂个闲职诱使他辞职，因此进行调动。

· 人事处罚性质的调动。

而无印良品则会进行这样的调动：

· 尊重员工本人的调动意愿。

·多数情况下每三到五年就会进行调动。

·从销售部调动到商品开发部门,从销售部调动到物流管理……多数情况下,都会进行毫不相关的部门间的调动。

·不问年龄,让年轻人也能担任重要职务。

·往出现问题的部门投入精英。

·将部长调动到完全陌生的领域中。

·完善调动体制,避免上司个人感情的影响(详细后述)。

·不存在处罚性调动。而且无印良品公司内部本来就不存在闲职。

为什么无印良品会进行这样的调动呢?那是因为**调动决定了八成的人才培养**。一旦实现了适材适所,员工就会快速成长。

以前人们还会重视"一心投身财务工作三十年"这样的经验,但现在已经不尽然。甚至有人开始争论,到底应该成为通才(拥有各种领域知识和能力的人)还是专才(专家)。

我认为应该两者兼备。既是专才,也是通才。可是,知识能力范围大而浅薄的通才是行不通的。**最理想的通才是将两种不同的工作作为本职，并努力提高自己的专业水平。**

只钻研单独领域的知识和能力，这样的专才乍一看似乎很能干，可实际上他只会考虑自己部门的问题，最终变成一个次优主义的员工。

我总是把次优和全优挂在嘴边。

简单来说，只追求部分利益就是次优，考虑总体利益就是全优。无论堆积多少次优，都不会变成全优。当然，若连次优都无法考虑，员工就无法成长，只是所谓的"福"只能通过全优来实现。企业里的部门和团队，必须时刻带着全优的想法展开行动。

而为了考虑全优，一个必要条件就是拥有"多个视角"。

通过岗位调动转移到别的部门，就能得到**从外部审视之前部门的机会。**

例如销售部的员工有可能会产生"因为自己把商品卖出去了，公司才得以生存"的想法。但那只是片面的设想。因为有了商品部，公司才有商品可卖，而制造商品又必须由负责确保品质的品检部门发挥作用。

这样的观点虽然理所当然，可是一旦在单一部门工作时间过长，也很容易将其忽略。那样一来，无论再怎么对员工耳提面命"要拥有全优观念"也没有用。最有效的解决方法，就是通过调动来改变员工所处的环境。

无印良品有一个基本观念，就是让所有进入公司的员工一直工作到退休。为了培育生在无印，长在无印的员工，那样的政策是不可或缺的。

当然，每个员工都有能力之差。可是在前一个部门表现不佳的员工，或许在别的部门就能大放光彩。作为一个企业，绝不能断绝了那样的可能性。并且尽可能发掘出员工的所有可能性，也是企业的职责所在。

只要让调动发挥其最大作用，就能让所有员工得到成长，也能让他们产生为公司长久工作的想法。

说到底，那不是对员工和企业都十分有益的事情嘛。

"不间断的调动能够培养人"的五大理由

让我们就"调动＝获得新视角的机会"再进行一番思考吧。

无印良品的工作调动有一个重要特征,就是调动的间隔很短,每三到五年就会进行一次调动。

我认为,三到五年这个时间,正好是员工掌握了所有工作,获得一定成果,找到自己独特的工作方法,开始发挥个性的时期。在这种时期被调到完全陌生的部门,就不得不从零开始重新学习工作方法。

这对员工来说是坏事吗?

答案是否定的。不仅不是坏事,还会促进员工的进一步成长。不间断的调动对每一个职员都裨益良多。

①切实的职业发展

比起在单一领域不断积累经验,多样化的体验更能促进切实的职业发展。我认为,比起考取专业资格或去听各种讲座而言,想必工作调动更能让人获得职业发展的机会。通过调动在各种不同的部门进行工作实践，可以保证员工得到更高的专业能力。

例如销售部门，现在也已经不能满足于一门心思卖货了，还需要掌握商品陈列方法、接待客人的方法、包装方法等多种知识和技能。如果从销售调动到宣传促销室，还能掌握战略性营销的方法。或者调动到物流这一完全不同领域的部门，或许也能从"该如何优化本公司的物流，才能让顾客更满意，并减少店铺工作呢"这一视点进行改善。

不消说，比起只能待在同一个部门的员工，经历过各种部门的员工要拥有更强的工作能力。

②保持挑战精神

为了不让自己的成长停顿，最好的方法就是时刻挑战新事物。

人一旦在相同的环境里待久了，就会不可避免地产生习惯，磨灭了挑战精神，进而转为守势。那样一来，就算上司苦口婆心激励他"要锐意涉险"，员工也迟迟不会展开行动。

通过工作调动进入新的环境，自然就能得到挑战新事物的机会。应该说，不得不硬着头皮去挑战。这样一来，就能一直保持新鲜。

而且此前积累下来的经验也并非毫无用处。将此前的所有经验与新领域的挑战结合起来，应该能转化为十分惊人的潜力。

③拓展更广阔的人脉

在同样的部门待的时间太长，很容易导致员工只跟同部门的伙伴来往。那样他们就会一直谈论同样的话题，一直做同样的工作。从而无法产生任何发展潜力。

如果调动到其他部门，就能与新部门的人展开新的交往，再继续保持跟以前部门同事的关系，就能够增加员工在公司内部的交流，促进团结和团队合作。

如果还能构筑起横向关系网，就能够形成十分广阔的消息网络。如果跟其他部门的信息交换活跃起来，工作就会更加流畅顺利。

④深入理解他人的立场

每个人从小就会听父母教育：要站在别人的立场上想问题。

尽管如此，"考虑别人的心情"这句话虽然说得轻巧，毕竟每个人的立场和成长环境都不尽相同，真正要明白他人的想法其实很难。

通过调动进入新的部门，就能体验到与以往不同的立场和环境。只要自己亲身体验过，自然就能够理解他人的立场了。

打个比方，销售部和商品部追求的目标是完全不一样的。很多企业经常会出现这样的看法：销售部认为"是你没有做出畅销商品"，而商品部则认为"我们做了这么好的东西，你却没有好好卖"。

此时不应该去追究谁对谁错。只要明白彼此的立场和环境都不同，商品部可能就会想到"我要做销售部想卖的商品"，而销售部可能也会想到"难得做了这么好的商品，不如试着改变销售方法吧"。

要明白他人的想法，就要"站在他人的立场上"，也就是亲身体验对方的辛苦和做法，这是最有效的。

⑤开阔视野

　　开阔视野最有效的办法就是多体验。调动能够带来连续不断的新发现，也能够得到很多令人瞠目结舌的体验，比如以前部门中的常识在别的部门里竟成了缺乏常识的表现。

　　一旦视野开阔了，就更容易接受他人的意见。只要明白了对事物的看法并非单一，而是多种多样，就能够理解他人的意见。

　　此外，开阔视野让人能够拥有多种选择，针对一件事也能做出更全面的考虑。判断事物的材料越多，就越能准确而迅速地做出判断。

　　那么，想必还有很多读者误以为调动全凭公司决定，员工自己并没有决定权吧。

　　确实，员工就算主动提交了调动申请，公司也不一定会接受。但我认为即便如此，只要自己真的想做某个工作，最重要的还是要不断表明那个想法。

此外，员工还可以自主创造出与调动几乎相同的状况。

例如可以主动与其他部门的人员进行交流。如果能得到其他部门的信息，就能灵活运用在自己的工作中。或是参加跨行业交流会，跟其他业界的人士保持交流，也能形成一定的良性刺激。

不能抱有"事不关己，高高挂起"的态度，而应该**把所有的事都当成"自己的事"来考虑**。

"如果我是销售部的课长""如果我是负责商品开发的人"仅仅是想象一下自己被调动，也能产生很大的效果。

甚至可以继续拓展那个设想，"如果我是经营者""如果我是部长"将自己假想为社长或部长，效果更加显著。

只要训练自己从别的视角看待问题，想必就能得到跟调动同样的成效。

"透明的组织"是这样诞生的

不采用普通调动,而是进行不间断的柔性调动。这对组织本身也益处良多。这里所说的"组织"并不仅指"企业",同时也可以对应"部门"和"团队"。

当我们说到培育人时,例如对上司来说,由于必须在短时间内培养一名下属,必定存在一定困难。可是反过来说,**用十年时间慢慢培养起来的下属,却不一定能够成为战斗力**。如果员工只是长时间从事着不适合自己的工作,无论对其本人还是对周围同事都可以称得上不幸。必须在短时间内判断员工是否能够在该部门活跃起来,这对他本身也是有好处的。

最重要的是,不间断的柔性移动能够创造通风透明的组织。因为那样可以让所有部门实现信息共享,就算发生问题也能毫无阻碍地传达到上头。

无印良品的员工经常积极地与其他部门进行沟通。只要与自己曾经待过的部门保持联系,一旦遇到"这个方案该如何跟进?"

的问题就能马上得到确认。其结果就是，员工不再只考虑自己部门和团队的利益，而是会开始考虑其他团队的立场。只要强化了横向关系，原本纵向关系的排他性氛围就会消失，从而提升人们的团结意识。只要平时一直保持与其他部门的联系，召开全体会议时就能够实现积极讨论。由于好消息和坏消息都是公开的，也就不会存在隐瞒错误和问题的现象。

一旦出现对某个特定的交易对象给予优惠，或让跟自己关系好的上司给予特别照顾的现象，企业就会陷入衰退。如果组织通风透明，就不会出现那样的现象。

若能够为其他团队的成就而欣喜，随时准备协助工作，组织就会越来越强。正是因为只考虑自己部门和团队的利益，故意隐瞒信息，才会让组织的空气凝滞。如果只顾着考虑自己团队的利益，那么团队成员就会只遵照团队领导的指示工作。

遵从领导指示固然重要，但不经考虑的盲信是危险的。我认为，很多企业就是因为这样而陷入派阀斗争，最终从内部衰弱下去的。

而切断这些过于亲密的关系，调动也是一个极好的手段。

创造柔性职场的"基础"

有人会批判公务员每二到三年调动一次的政策。

由于负责人很快就被调走，责任的归属就会混乱不清，而且对工作也很难产生责任感……批判者指出了这样的弊端。

然而，这原本是因为在同一部门工作时间过长，容易跟与之有交易往来的民间企业产生粘连关系，才制定了短时间调动的政策。这个考虑是正确的，而且只要善加管理，就能让组织实现透明化。

2000年那段时间很流行"岗位轮换"一词，越来越多的企业开始每隔两到三年就让员工调动到各个不同的部门。可是，能够让那种制度扎根的企业应该很少。因为进行短时间调动的企业和接受短时间调动的人工作效率都猛然变低，现场一片混乱。好不容易掌握了工作技能，又要调动到别处去，因此迟迟不能学到专业知识，提高专业技能。

要克服那个弊端，实现战略性的调动，就不能仅仅是把人移走，而有必要**打造能够实行柔性调动的"基础"**。

岗位轮换之所以效果不佳，或许是因为以下两点原因。

其一，是实力至上主义还没有充分渗透到企业中。

其二，公司内部没有将基本工作方法加以明文化并进行共享。

换句话说，只要真正贯彻了这两点，就能够避免岗位轮换的弊端。

后者我已经做过介绍，那就是无印良品店铺使用的"MUJIGRAM"和本部使用的"业务规范书"这两本指南。厚达数千页的指南记录了非常详细的工作方法，让每个员工不管调动到哪个部门，都能在当天掌握自己的工作。也就是说，所有部门的业务都被写进了指南中。

在这里，我再对两本指南进行简单的介绍，让读者看清它们与"不间断的柔性调动"之间的关联。

首先，只要将两本指南阅读一遍，就能比较快地掌握"独立工作"能力。因此，就算有人突然离开了部门，也能够顺利进行工作，不会导致现场混乱。交接也更为顺畅。

其次，由于有了MUJIGRAM和业务规范书，就避免了"把工作交予特定的人"。一旦将某项工作托付给一个"人"，就很可能出现那个人独占工作的现象。那样一来，一旦那个人离开，就会使现场陷入所有人都不知所措的状态。

我认为所有业务都能收录在指南中，同时也认为应该让所有员工共享工作方法。**应该"把人安排到特定的工作中"**。

若没有类似于MUJIGRAM和业务规范书那样能让全体员工共享的指南，就很难进行不间断的调动。

进一步说，全员共享的指南对希望女性能够长期任职的企业是不可或缺的。无印良品最长可以请两年的育儿假。而结束育儿假期回到工作岗位的女性员工之所以能够马上融入现场展开工作，正是因为有了MUJIGRAM和业务规范书这样的指南。回到工作岗位后，如果遇到一点小问题都要询问周围的同事，难免会让人感到泄气。而且周围的人也不得不中断自己的工作进行回答，更会加重双方的负担。

然而在无印良品，只需翻一翻指南就能解决问题。而且，在员工开始育儿假期之后，指南也能够防止现场出现混乱。确定了这样的机制后，已经晋升的女性员工也能够放心地请育儿假。并且有的女性员工在回到工作岗位之后也实现了晋升。也就是说，工作指南在培养生在无印，长在无印的员工这一过程中起到了重大作用。

想必有人会质疑，将业务"标准化"会让员工难以提升自己的专业能力。还有人认为工作指南会使员工丧失进取心和个性、创造力。

可是，MUJIGRAM和业务规范书是不断更新的，其内容始终跟随时代的潮流。这就使员工必须时时刻刻审视自己的日常工作，由此便能激发出进取心和创造力。

实际上指南只是一个基础，每个员工都是在那个基础之上对其加以应用，并完成日常工作的。有了工作指南，无论什么员工都能迅速上升到一定的阶段，再往后，就要靠员工个人的能力实现提升了。

传统演艺界有个专门词汇叫"型"，那个"型"规定了所有基础技艺。而**不具备型的人则被唤作"无型"**。因为没有基础就无法应用。无论被调动到哪个部门,只要学好基础,就能加以应用。

只要能够灵活应用,就能够提升自己的专业能力。正因为有了标准化的业务,才能最终实现专业能力的提高。

公平公开地选择"后继者"——人才委员会

人才培养对每个企业来说都是最为重要的战略课题。

多数企业都会以人事部为中心进行人才培养,但那并非最具战略性的人事管理。实现战略性人事管理的方法有两个。

一是由企业高层亲自主持。二是人事部领导与会长和社长等高层进行紧密联络,根据企业的发展方向和意向制定人事制度。

由于仅靠人事部门很难实现战略性的人事管理,无印良品还创建了"人才委员会"和"人才培养委员会"这样的组织。

无印良品的人才培养主要分为三层。

首先是利用MUJIGRAM和业务规范书进行的"指南培养"。

其次是通过"人才委员会"这个组织来实现适材适所的员工配置。

第三便是制定人才培养计划的组织——"人才培养委员会"。

有了这三个层次,就能营造让生在无印,长在无印的员工一直工作到退休的环境。其中，"指南培养"已经在前著中做过说明，如有兴趣可以找来一读。

在这里，我首先介绍一下处在"第二层"的人才委员会。

人才委员会，简单来说就是培育经营者的机制。

之所以创建这个组织，是为了表明无印良品不从外部招徕人才进入高层，而要在公司内部培养经营者的决心。

成为经营者，也可以说是生在无印，长在无印的员工们的最高目标。

如果让外部招聘人员突然进入公司坐上管理者的位置，底下的员工可能会士气低落。许多经营者都声称，那是因为"我们公司没有足够优秀的员工"。但我认为，问题并非出在员工身上，而在于公司的高层没有培养出能够胜任管理工作的人。

他们是否真的注重过让员工在现场得到锻炼，积攒实力，逐渐成长呢？

在日本的一般企业，能够爬上管理层甚至社长职位的多数都是名校出身、一生都在"精英路线"上发展的人。那么，无印良品现任社长今井政明是否如此呢？

他高中毕业后就进入了长野的西友STORE，在商品部担任采购人员。当无印良品准备向甲信越[1]一带发展时，他从西友来到了无印良品。他最初在无印良品的家庭用品课崭露头角，在我就任社长时已经是公司常务。后来，他还与我一道巡视了全国店铺，与现场构筑起信任关系，即使在升任社长后依旧贯彻着现场主义。

无印良品的"实力至上主义"并非一句虚言。就算只是在店铺里兼职的员工，只要具备实力，就有可能成为将来的经营者。这条路是对所有人敞开的。

在人才委员会，包括会长、社长、董事和部长在内的执行委员都会聚在一起讨论经营者和继承者的准备状况。让谁成为干部储备，该如何对干部储备进行培育，这就是委员会的目的所在。

---

1 指日本中部的山梨县、长野县、新潟县。

无印良品人才培养的"三个层次"

人才培养委员会

"提升专业能力"

用全公司的智慧构筑机制和思维

人才委员会

"培育核心"

从全公司的培养视角上进行适材适所的岗位配置

由业务规范书进行的培养

"MUJIGRAM"

"本部业务规范书"

制定员工"培养"和"研修"计划的组织。由本书作者担任委员长。

为扎实培养经营者（继承者）进行人才配置研究的组织。

这个组织构成的"目的"在于——

站在全公司立场上进行公司最重要的"人才"培养，并提高公司伙伴的生产力和成就感。

人事管理最重要的是公平和透明。

作为直属上司，难以避免地会倾向于大力推荐自己的下属。

然后其他成员就会提出诸如"不尽然，他还差了点火候"这种客观的意见。在这样的讨论过程中，所有人的意见就会渐渐汇总起来。

因为这是所有人都认同的评价，在某个员工成为干部时，就不会出现"凭什么他能当部长"这样的质疑。

因此，被某个上司看好的下属不一定就能晋升。现在似乎还存在根据毕业院校分帮结派的学阀风气横行的企业，可是无印良品有了人才委员会的讨论，就能避免那样的小团体出现。

这是实现真正的实力至上主义,公平公开地选择后继者的机制。

我认为，现在的日本企业之所以缺乏活力，不够公平公开也是其中一个原因。就算努力工作，既得利益者也会把所有利益都据为己有，活在这个有背景者得天下的世道，当然提不起干劲来。

不能口头消费正义，只有真正行动起来，周围的人才会信任你，跟着你走。

每半年调整一次后继者名单的"五级考核表"

人才委员会在选择储备干部时使用的道具之一,就是"五级考核表"。

这是参考GE(通用电气公司)培养储备干部的工具而制成的表格。GE跟无印良品一样,都是并非由创业者家族持续出任公司高层的公司。我直觉地意识到,在每隔几年就更换高层的企业,五级考核表是培育后继者的最佳工具。

此后,摸索具有无印良品特色的五级考核表使用方法的日子就开始了。

这个五级考核表正如其名,分成五个等级。

Ⅰ 关键人才库,未来的领导者。

Ⅱ 优秀人才。

Ⅲ 上升人才,下一代人选。

Ⅳ 中坚人才,表现稳定的员工。

Ⅴ 低迷，需要改善或轮换。

候选对象是课长级别以上的人才，分别归类到这五个等级内。

等级 Ⅰ "关键人才库"里面列举的都是马上就能成为领导的具有实力的人才。假设公司专务突然遭遇事故无法继续担任职务，就从等级 Ⅰ 中选择员工成为候补。

只是这个等级中并非一直都有候补人选。某些时期也会出现等级 Ⅰ 空缺的现象。那种时候公司就会培养等级 Ⅱ 和等级 Ⅲ 的人才，使其进入等级 Ⅰ 名单中。

我认为最理想的状态就是 10% 到 15% 的员工进入等级 Ⅰ。

等级 Ⅱ "优秀人才"中收录了工作能力很高，作为部长发挥了很大实力，可是要进入等级 Ⅰ 成为公司顶层还尚有欠缺的人才。

等级 Ⅲ "上升人才"。这里列举的人都是将来的领导储备，有希望进入等级 Ⅰ 的人，并且几乎都是课长级员工。虽然还很年轻，可是作为课长表现出了极高的潜力，只要顺利培养就能成为部长或部门主管，甚至有希望成为董事。

等级Ⅳ"中坚人才"。一言以蔽之，就是能够完成工作的人才。对象主要是能够扎实履行职务的人。中坚人才对公司也是十分重要的。

等级Ⅴ"低迷"。这个等级的对象是暂时没有发挥出领导能力或工作能力的员工。等级Ⅰ到Ⅳ都算合格人才，一旦进入等级Ⅴ这个名单，就被认为存在问题。若只是一次两次还可以被谅解，若一直处在等级Ⅴ，那么我们就不得不认定这名员工并不具有领导者的资质。以前处在等级Ⅴ的员工还有不少，最近则几乎没有了。

人才委员会每年两次，在定期调动的两个月前组织起来。

之所以要每半年组织一次，是因为随着社会的变化，公司的需求也在时刻变化，与此同时，员工的需求也在时刻变化着。每半年进行一次审核，就能时刻准备好能够迎合公司需求和个人需求的后继人员。

这个人才委员会最终追求的效果，就是"让每一名新进员工直到退休前都能得到最合适的工作经验"。良品计划的顶层虽然像长跑接力一样常换常新，但有了这个全体管理层共同讨论调动的环境，就能始终贯彻考虑到公司总体利益的调动。

可是，五级考核表并不能成为人事评价的强制力量和判断依据。

这只是列举储备干部，制定培养方针的基本工具，**与评价制度没有直接联系**。因此，等级Ⅰ和Ⅴ的员工并不会出现薪水差距，也不会向员工本人透露他所处的等级。

此外，无印良品还从未出现过一旦进入某个等级，就一直停留在其中没有任何变化的情况。因为每半年就会进行一次审核，变动是必然的。

曾经被归类到Ⅴ的员工如果在调动后的部门发挥了更好的实力，甚至有可能进入等级Ⅰ到Ⅲ。与此相反，原本在Ⅰ到Ⅲ的候选人调动后没有做出预期的成果，也有可能变动到Ⅳ和Ⅴ。当然，选择储备人员的方法已经明文化，不会出现上司出于个人感情力捧某个员工或昙花一现的人才受到过度评价的现象。

一旦原来的上司被调走，继任的上司对储备人才的评价自然会出现改变，因此长期持续观察是很重要的。

实现适材适所的"五级考核表"

潜 力

	优 秀	合 格
表现 优秀	I 关键人才库 未来的领导者 10%~15%	II 优秀人才 10%~15%
表现 合格	III 上升人才 下一代人选 10%~15%	IV 中坚人才 表现稳定的员工 50%~70%
	V 低迷 需要改善或轮换 10%	

即使顶层轮换,也能确保符合全公司需求和个人需求的"后继者"。

在评价时"排除上司的个人感情"

每个人都有好恶,这种感情是无法彻底排除掉的。

比如在欧洲,由于与邻国直接相连,经常会发生一些利益冲突。因此国际交往的前提全部建立在不能彻底信任邻国的基础上。从这个观点来看,日本以外的国家似乎**都把"人与人无法完全相互理解"这一认识当成交流的起点。**

不仅是国与国之间,邻居之间也会发生矛盾,婆媳关系永远无法靠道理来解决。因此,组织和团队的运作必须建立在不可能让所有人都和平共处的前提之上。

以前无印良品的一名优秀店长曾经把店里所有员工一口气都辞退了。越是工作能力优秀的人,就越容易倾向于恐怖政治,把不顺从自己的人毫不犹豫地剔除掉。

那么,带着一帮对自己言听计从的人运营店铺,真的会顺利吗?那样确实能够在短期内得到好业绩。只是后来加入的人由于与店长及其幕僚性格不合,必定很快就会离开。结果店铺就无法留住人才，业绩渐渐恶化。

不仅仅是店铺，这在任何企业的任何部门和团队都适用。

若不创建排除个人感情的机制，人们必定会根据自己的好恶来做出判断。

与其他企业一样，无印良品也是由直属上司来对部下做出评价。

一般情况下，都会存在给自己不喜欢的员工做出不公正评价的上司，这可能是每个人都无法避免的。可是，那种时候该怎么办呢？

最重要的是，要等评价不好的部下调动到其他部门后再做判断。到了别的上司手下，那名员工或许能够积极发挥自己的能力。要是无论调动到什么部门，员工的评价都一直不高，这种时候才会真正开始审视"那名员工的能力"问题。

相反，有的上司还可能会一直给自己喜欢的下属做出极高评价。这有可能是那名上司的"护短"。遇到这种情况，也要等员工调动到别的部门后，再来判断他是否真的具备如此高的工作能力。

不管怎么说，都必须尽量避免盲信单独一个部门和单独一个上司的评价。那样有可能毁了一个"其实很有能力的人才"，同样也有可能让一个并没有足够能力的人走上晋升道路。

此外，很多上司都有各自"宽松或严格的评价标准"。有的上司会把全体下属评价为 A 或 B，而有的上司则只会做出 B 或 C 的评价。

在无印良品，员工评价的最终调整由"G5（部长）评审会"来进行。这个评审会跟人才委员会一样，由全体管理者与评审对象进行面谈，**确认上司对其给出的评价，如有标准偏差就让上司进行修正**。这个评审会也是每半年举行一次，经过反复提醒之后，上司们的评价标准也渐渐出现了正态分布的趋势。

换句话说，**给出评价的一方也需要加以训练**。

若不进行这样的训练，上司就会一直根据个人好恶对下属做出评价。一旦放任下去，公司就迟迟无法调整评价标准。我认为，无法调整评价标准的公司势必无法强大起来，最终将难以为继。

此外，在使用上述五级考核表选择后继者时，还会使用"职业性格潜力报告"和"个人资料"这些工具。

所谓职业性格潜力报告，其实就是性格判断。

主要分为领导力、人际关系、问题处理与决策能力、自我管理与时间管理这四个大类，其下还细分了外向还是多疑、灵活还是慎重等类型。测试采用一问一答的形式，由此分析测试对象的潜在性格。

无印良品在每名员工入职二到三年时进行这个测试，但是只进行一次。因为我们认为，**每个人的基本性格是无法通过教育来改变的**。就算十年后，十五年后再进行一次同样的测试，结果也不会有什么变化，因此只进行一次。

虽说如此，我们却并不会把职业性格测试当成判断一切的标准。

若出现"这个员工不善社交,还是把他安排到后勤职务吧"这样的做法十分危险。虽然把握性格十分重要,但人的表现会因为各种因缘际会而发生变化。因此,上司的评价和工作经历才是我们用来参考的更重要的指标。

个人资料则是记录了内部履职经验、所有评价和行动评价等员工在公司内所有经历的,类似个人简历的资料。

公司利用这两种工具和上司的评价,从多方面评判一个人才。这样一来,上司就不能让自己喜欢的部下优先晋升,也无法阻拦自己不喜欢的部下的晋升之路。

同时,这也适用于部门和团队。

就算提出"要公平审视所有下属",既然人非圣贤,就不可避免地会混入个人感情。与其努力提高上司的人性,还不如创建一个能够进行客观评判的机制,更能够保证每一名员工得到公正的评价。

可能只是"现在处于低潮期"

有一个著名的法则叫"2:6:2 法则",在部门和团队级别上,也必定存在属于"2"的那部分人。并且,想必也有很多企业为如何培养最底层的"2"而伤透了脑筋。

可是,就算一口咬定那些员工"做不好工作"而将其排除,也无法解决根本问题。

而调动同样能够在一定程度上解决这个问题。

在无印良品,评价较低的员工会被调动到别的部门。

因为这有可能并不是员工本身的能力问题,而是与直属上司无法协调,最终发挥不出真正实力。

例如有一个上司比较神经质,对下属的要求十分详尽严格。要是那样的上司底下有个自由独立的下属,必定会产生对立。那样一来,上司可能会压低对下属的评价,打上 C 或 D 的低分。

如果一直对那样的上司和下属放任不理,那就算下属其实能力优秀,也只能不断得到低评价。若不把那名下属调动到能够给予公正评价的上司那里，员工就会一蹶不振。而实际上，真的有人在调动后马上发挥出了值得称赞的实力。

尽管调动基本能够解决问题，但也存在无论怎么调动，无论工作多少年，评价都一直很低的员工。

遇到那种情况，我们只能判断为员工本身的问题，然后采取降薪的措施。若是在管理职位上的员工，则予以降职。

也就是说，就算晋升为课长，也有可能被降为普通员工。若非如此，就谈不上是使有能力的员工能够得到相应评价的机制。

毕竟人生只有一次，或许有时候可以考虑无印良品以外的"新道路"。因为并非所有员工都能适应无印良品的方针。或许他们到了别的业界和别的企业，就能发挥自己的实力。当然，如果真的想在无印良品一直工作下去，我们也会提供合适的环境。

但请不要误会，最终得出降职结论需要花很多年时间。因为调动之后要至少经过一年才能正确评价员工的工作表现，绝不会轻易给员工盖上能力低下的烙印。

在部门和团队里，调动也可以成为解决问题的其中一个手段。

在某个团队没有发挥实力的人，说不定到另一个团队就能获得成果。我认为，发现每个人最适合的工作岗位就是身为领导者的职责之一。

就算不适合成为领导者的员工，对公司也是十分重要的。因为他们肩负着支撑公司生存的"城墙"使命。虽然他们不会像某个领域的领导者那样在天守阁里活跃，但却能稳稳地支撑企业的骨架。

这些员工的上司一般会考虑是让他留在当前部门继续向上发展，还是调动到更适合本人性格和能力的部门去。有时也会利用业务规范书进行培训，或安排员工参加研修课程。

无印良品就是利用这些选项，在公司内部进行人才培养的。

"培养"机制——人才培养委员会

现在让我来介绍无印良品人才培养的第三层——"人才培养委员会"吧。

人才培养委员会正如其名，是制定员工"培养"计划的组织。我在其中担任委员长。

许多企业经常出现培养计划几年不更新的现象。想必还有不少企业就连新进员工培训也不更改教材，一直进行同样的研修课程。那有可能是因为他们不够看重研修的重要性和优先程度。

可是，**新进员工研修是最重要的教育机会。**

如果你是一名即将入职的员工，那请你这样认为：即将在公司接受的研修，是今后社会人生活的最为重要的第一步。

如果站在培训新进员工的立场，那么就应该认为：新进员工是企业的未来，是最需要重视的财富。

随着时代的变化，每年的新进员工都会呈现不一样的倾向，消费者的需求也会不断改变。**理所当然地，就应该根据那些需求**

的变化改变教育内容。除了新进员工研修，部门研修和面向中坚员工的研修也同样如此。那些研修必须配合企业的经营策略进行改动，也就必然地需要与人事联合起来。

人才培养委员会每月召开两次会议。每次都会有半数部门参与，各个部门的部长要在会上发表自己部门的人才培养方案，然后还要进行培养中期汇报。

人才培养的研修计划基本上都由部长来制定。

为了让部长保持亲自培养下属的意识，委员会绝不会做出"请你用这样的研修计划进行人才培养"之类的指示。必须由每个领导者看清本部门面临的课题，并独自思考对策。

我们偶尔也会从外部聘请讲师进行授课，但大多数时候都是由部长或公司内部的员工来进行。此外，**研修计划的教材基本上也是由讲师自己准备。**

不过从零开始编制教材的工作量太大，我们会请人才招聘公司等机构**按照无印良品的要求**制作教材。比如针对入职一到两年的员工制作的"经营建议书",针对资深员工的"了解经营数字"以及讲解贸易方法的书籍,各种教材应有尽有。

当然也可以用市面上出售的教材进行培训,但那些教材与公司的目标并不一定完全一致。要培养生在公司,长在公司的员工,制作与公司方向性一致的教材更有成效。

例如服装部门以前曾经聘请外部讲师来教授纤维和面料的知识,也会组织工厂参观等为期一年的培训项目。通过这些项目,让员工学到作为一名服装部门人员必须掌握的全部知识。

日用杂货部门则采用观察教育法。到无印良品顾客的家庭中,实地观察他们的生活场景,给今后的商品开发作为参考。

曾经有一名员工在参观顾客浴室时发现,"很多家庭使用的洗发水和沐浴露瓶子都是呈圆形的,而且形状大小各不相同。""置物架都是直角的,所以用方形瓶子是不是更好整理呢?"以及"如果容器是透明的,就能一眼看出里面装了什么。"——于是,通过实地观察，无印良品就推出了透明的替换装容器[1]。

食品部门施行的是与一流厨师搭档进行商品开发的计划。

在与厨师一起制作意面酱和咖喱时，员工们会思考将其转化为商品的方法。

诸如此类，关键在于实施**与实践紧密相连的研修计划**。若非如此，则称不上对员工的教育。并且这样一来，负责学习的一方也意识到这样的培训能够在工作中派上用场，就会更积极地参加。

如果你觉得"我这个部门的下属很难培养""我这个团队的下属工作能力低下"，那有可能是教育环节出了问题。

只通过日常工作进行教育固然有限，可是进行与现场情况不相符的教育也是浪费时间。在员工教育这方面，其实应该进行一番更彻底的思考。

1　日本市面上销售的许多日用品和化妆品、护肤品都分为本体和替换装，可参考国内瓶装洗衣液和相应的替换装。

开展"有意义的跨行业交流会"

"内向的逻辑"是"衰退的逻辑"。

为防止员工和下属成为井底之蛙,就必须让他们看到外面的世界。当然,对自己也是同样的道理。

因此,人才委员会开始请来不同行业的伊藤园公司[1]、佳能电子等各种企业里的人,到无印良品召开演讲和讨论会。既有经营者级别的人物来进行演讲,也有部长级别的人物来发表讲话。

例如布尔本公司[2]的吉田康社长来进行演讲时,连我自己都获益匪浅。

"不结盟,自力更生。"

"最讨厌集中和选择,对一切报以关心。"

"去往目的地要迂回前进,绕上一两次远路。"

---

1 日本首家销售瓶装绿茶饮料的公司。

2 日本大型零食企业。

这些话让我和员工们时而深有共鸣,时而感慨不已。

让这样的跨行业交流会继续深化下去,就发展成了跨行业交流研讨会。

一般情况下,跨行业交流会都是开个派对,谈笑几个小时,然后各自解散的形式。就算交换了名片,今后也很难有机会在工作上进行联系,再者,遇到掌握着有用信息的人的几率也非常低。

因此,我们就想构筑一个不仅止于萍水相逢的交流会,而是**在交流会结束之后也能彼此交换有用信息的关系**。

跨行业交流研讨会每次会持续两天一晚,分三次举行,合计六天。虽说是研讨会,但经常会在酒店住一个晚上,因此感觉更像集训。

由于是跨行业的交流,不仅是无印良品,还有十七八个不同企业的员工会来参加。至今为止参加过的公司有佳能电子、国誉公司[1]、岛村集团[2]、成城石井公司[3]、柳濑公司[4]等,横跨各个行业,并不仅止于零售业。

每次参加人数在三十人左右。每次的主题都各不相同,有时会进行企业研究,讨论经营和财务方面的话题,有时也会请讲师来教授市场营销方面的知识。曾经还召开过战略规划的研讨会。

此外,还有在研讨会召开当天之前都秘而不宣的活动,那就是请参加研讨会的企业领头人发表演讲。演讲结束后,大家还会在一起开晚餐会,每逢此时,演讲者都会遭到参加者接二连三的提问。一般员工可能很少有机会能跟企业高层直接对话,因此这对他们似乎是个很好的刺激。

想必有很多企业会请著名咨询师,在电视节目中十分活跃的

---

1 主要经营文具、办公家具。

2 主要经营服装综合类产品。

3 主要经营高端超市。

4 伊藤忠商事旗下主要经营进口汽车和二手车销售的企业。

人物，甚至政治家来进行演讲吧。可是，那样能马上在工作中派上用场吗？并不尽然。经营者自身的谈话全是根据自己的经验说出来的，那才是真正的智慧宝库。埋头苦学固然能够积累知识，可是在商界，智慧比知识更派得上用场。

与其一个人参加跨行业交流会，我认为以部门或团队为单位进行交流更能形成长期的往来关系。在无印良品，有部分员工遇到问题时会去跟跨行业交流会上结识的其他企业的员工讨教。

借用他人的智慧，这可能也是商界一个非常重要的诀窍。

能否培养"世界性的人才"

人才培养委员会有一个动员全公司力量进行的举措，那就是海外研修。

无印良品1991年在伦敦开了第一家海外店铺。其后，又陆续在欧洲、亚洲、美国等地开店。

从一开始，公司就把从未有过海外工作经验的课长级员工送到国外，让他们在当地从零开始摸索。其后又进一步推进这个举措，从2011年开始，我们展开了把所有课长级员工全部送到国外进行短期研修的计划。

详情在第三章会进行说明，总之，这与一般企业进行的海外研修完全不同。

大部分企业的海外研修，似乎都是让入职不久的员工和储备干部到国外工作几个月到一年时间。听说雅马哈发动机公司会让员工孤身一人前往发展中国家进行市场调查，但一般来说，企业都会派好几个人到同一个地方去。

研修内容一般也都是语言学习、当地生活习惯的学习或者市场调查之类，倾向于让员工不再对"海外"这个词心生恐惧。通常研修计划和住宿等方面都会由企业为员工准备好。

无印良品则不会由公司替员工准备研修计划，连住宿问题基本上都是"你自己去找好哦"的态度。当然也不会把好几个员工派到同一个地方，而是把他们孤身一人派遣到异域，让他们进行**类似于武士修行的研修**。

研修期间，本部基本上不会跟进员工的情况。

俗话说"慈母多败儿"，这么做就是为了让员工培养独自生存的能力。让他们自己动脑子思考，掌握"想办法解决问题的能力"。这就是研修的目的。

目前为止派出去的员工都平安回到国内，并且经过重重历练越来越坚韧了。

只在国内对员工反复讲述全球化，肯定无法带来任何实际感受。最终还是要将其送到海外，让他亲身去体验那种感觉。这就是所谓的百闻不如一见。

Chapter Two

将年轻员工培养成"中流砥柱"的机制

用身体去理解"现实"与"理想"的鸿沟

现在,入职不到三年就辞职的年轻人已经成了日本的社会问题。

人们都说"最近那样的年轻人突然变多了",实际上早在十五年前,就存在"三分之一的人都会在三年内辞职(特指大学毕业生)"这样的现实。因此,这其实是长期存在于日本社会的严重问题。

每个企业都会耗费大量经费与时间培养新进员工。

入职三年正好是总算能够独当一面的时期。好不容易培养起来的员工就这样离开公司,因此对企业来说,入职三年内的早期离职无疑是莫大的损失。

我们该如何面对这个问题呢?

首先必须搞清楚"为什么年轻人要早期离职"的原因。

这个原因肯定是多种多样的,但其中一个最主要的原因,就是体会到了理想和现实的差距,也就是所谓的"现实冲击"。

每个新社会人都会怀抱理想和希望进入公司。可是现实中的公司却是在乍一看充满矛盾的情况下运作的。此外，就算有想做的工作，公司也不可能轻易实现员工的愿望。

面对如此残酷的现实，员工就会开始思考，"这跟我想象的世界不一样""应该有更适合自己的工作"。

无印良品一旦决定了内部录用后，会先让尚未毕业的内定人员在店铺兼职。当然那也是正经的工作，公司会支付时薪。

只要干上一两个月兼职，就能大致了解工作内容。

就算他们本来就是无印良品的钟爱者，经常光顾店铺，可是一旦真正进入店铺工作，就会发现自己心中的印象和现实完全不同。站着工作本身就很苦，更别说还要将到货商品送进仓库，或者把商品从仓库运到店铺这种体力活。而且在商品数量较多的店铺，记住所有商品也是一件苦差事。甚至有可能遭到顾客毫无理由的抱怨。

通过那样的体验，就能**一点一点认清现实**。

与此同时，还能与派遣到店铺的本部职员交谈，从中了解公司内部的情况。像这样，在事先体验了现场情况，又了解了公司现实的前提下，学生也能逐渐坚定自己的选择。其中也有在这个阶段就提出离开的学生，不过能够在入职之前就确定自己不适合这个公司，对本人也有好处。

然后，等他们正式成为公司新职员，还必须让其准确理解公司的运营哲学、概念和价值观（为此，无印良品就准备了MUJIGRAM和业务规范书）。

例如各位读者在刚进入各自的公司时，也被分配过打扫卫生、倒茶、检查复印纸张的工作吧。因为那些都是与业务毫不相关的杂务，或许有人曾经想过"好麻烦啊"。

而公司则必须教育新进员工思考"为什么要做那些""到底有什么用"。正因为缺少了这个环节，才会使他们不认真对待杂务。

然而，并不能只让新人去思考这些问题。

例如在入职前的培训中，会教育关于着装的问题。

可是，若连自己的上司都不注意着装，就会让新进员工误以为"其实不用这么讲究嘛"。**如果新职员做事偷懒，多半是因为他的上司也偷懒。**

新人会时刻关注上司和前辈的行动。我认为，负责教育新人的人，也要随时确认自己是否起到了模范作用。

本章主要介绍无印良品"培育新员工的方法"，同时思考如何将新员工培养成强韧的中流砥柱。

入职头三年决定了公司是否能够培养出"生在无印，长在无印"的员工。

趁热打铁。若没有找对打铁的方法，不仅无法培养员工，还会让员工过早凋零。新进员工能否顺利成长，关键在于负责教育的一方。

为何入职三年就能担任"店长"

我经常听到这样一句话,越来越多年轻的白领不希望晋升。

晋升到管理层之后,薪水涨幅不大,责任却变重了。不希望自己的工作压力越来越大,照顾下属好像很辛苦——他们或许会有这样的想法。可是,**"维持现状"其实是最危险的选择。**

今后就算经济形势有可能改善,也绝不会回到泡沫经济崩溃之前的盛状。"全球化"在所有领域急速推进,相信有很多企业都会将重心转移到国际贸易。对希望把资源投向海外的企业来说,肯定都想尽量压低人事费用。因此,每年都会有更多企业鼓励提前退休,将不处在管理层的资深员工尽早排除出去,用更低的薪水招聘新人填补他们的空缺。

换句话说,如果不求晋升,一直持续同样的工作,随时都会遭遇第一个被舍弃的风险。

无印良品的职场晋升之路从派往全国店铺担任店长开始。所有新进员工在入职几年后都会被派往店铺成为店长。

新员工加入公司时可能怀有"想开发商品""想被派遣到海外""想做宣传工作"等各种各样的意愿，但他们首先会被作为店铺员工分配到各个店铺，然后让他们争取在三年之内当上店长。这就是无印良品的培养路线。

除无印良品以外，有很多经营饮食店和零售业的企业也会将新员工先安排到店铺去，让他们获得担任店长的经验。因为在这种行业里，店铺是整个经营的最前线，想必企业的目的就在于让他们亲身体验现场的情况吧。

无印良品也持有这样的想法，那就是"不亲身经历过现场的艰辛，听取顾客的声音，即使进入本部也无可作为"。可是这并不是全部。我们同时也希望**通过担任店长的经历，培养员工作为领导者的视角**。

店长作为一店之首，必须承担全部责任。

订购商品摆到店铺里销售，这只是他们工作中非常小的一部分。培养店员、制定营业额目标并思考销售计划、发生问题及时进行处理，这些都是店长的职责。可谓是一国一城之主。

即使员工作为社会人经验还不多，但也必须肩负责任站在管理岗位上。这会给员工带来非常大的压力，同时也能成为新员工的炼狱体验。只要坚持到了最后，员工作为社会人就能得到迅速成长。

这并不仅限于企业这个范畴，即使在团队之中，只要所有人都能以领导者的视角展开工作，就能让进展更加顺利。为了实现这一目标，尽早让员工获得相应经验是富有成效的手段。

如果从店铺运营的角度来考虑，让入职十年左右的中坚力量担任店长或许更为安全。因为他们更不容易引发重大问题，也具备让经营更为顺利的能力。让新员工先进入本部负责一些辅助性工作，这样也使本部能够随时关注他们的进展。

可是，那样并不能有效培养新员工。

我认为，**工作是在失败中积累经验的过程。如果企业和团队从一开始就准备好不容易失败的环境，新人就迟迟无法成长。**

就连失败时该跟什么人求教，光是这样的思考也是作为社会人的一种极其重要的锻炼。因为"想办法解决问题"的能力就是这样培养起来的。

作为新进员工，一开始不会做事，什么都不懂，这是理所当然的。如果负责教育新员工的一方不能秉着这样的理念容忍其失败，就无法培养任何人才。对培养者一方来说，长远的目光最为重要。

确实，将新员工突然扔到残酷的环境中未免有些严苛。

无印良品也设计了这样一条道路，**让员工从一名普通店员开始，逐渐适应环境后再担任店长**。虽说要让员工得到炼狱体验，但如果不先打好基础，只会使其过早凋零。

此外，针对接收新员工到店铺工作的店长，我们还会进行"接收研修"，向其具体说明"新人进店之后，你要在这段时间内教会他做这些事情"。通过认真做好**"接收方的准备工作"**，来给新员工构筑一个"基础"平台。

在那样的环境中，目睹周围的上司和前辈充满活力地工作，新人也就不会逃避晋升。我认为，年轻人是选择维持现状还是积极进取，最终还是要看周围环境对他们的影响。

"下属管理"究竟是什么?

入职一年半,这在很多企业都还是新人阶段。大多数人这个时期还在给前辈打杂,或是进行一些辅助性工作。

在无印良品,派遣到店铺一年半之后,就会开始"管理基础研修",也就是说,新人在这个时期就要开始接受成为店长的培训。

基础研修主要以"经营建议书"这本教材和"MUJIGRAM"为中心展开。

经营建议书是讲述"何谓经营管理"的教材,内容主要涉及店长该如何培养店员,以及店长本身该如何磨练自己的领导力。

我认为,这本教材的内容并不仅限于无印良品的店长,对所有企业的所有领导者都能够适用。**领导者并不仅指经营者和高管人员,只要有一个下属,一个后辈,就能被称为领导者。**

一旦成为店长或领导者,就容易过分关注销售额目标等简单易懂的数字。但那并不是真正的领导者该做的事情。身为一个领导者,需要同时做好培养下属这一"人性面"和保证业务顺畅的"工作面"。

因此无印良品构筑了用"经营建议书"培养"人性面",用"MUJIGRAM"培养"工作面"的框架。

尤其是人性面,培养下属是一项艰难而重要的工作。因为领导者必须切实理解自己的下属今后希望向哪个方向发展,然后对其进行引导,通过工作帮助下属成长起来。

经营建议书中具体讲到了应该如何培养下属。在这里向大家介绍一下该书"第三章 下属培养"的"1、培养计划"的一部分。

下属培养(3)分配能够促进成长的工作
与下属就培养目标达成共识后,便对其分配具体的工作。

为了促进成长,分配对本人来说稍微超出其能力范围的工作最有成效。但有一点非常重要,不能从一开始就分配困难的工作,要逐渐增加难度。

在这个过程中,下属能够积累成功体验,通过获得成就感来切实感受自己的成长。

【第1级】在目前的工作中寻求问题解决
首先,以克服目前工作中的难题为目标。为了让下属能够完全掌握目前的工作，需要让其充分体验。

【第2级】分配多种类型的工作

在下属能够独立完成工作后，就开始增加工作种类，让其负责多种工作。这样能够弱化工作的单调重复感，使下属学会有效、有计划、有顺序地安排工作。

【第3级】扩大下属独立判断、决定的范畴

给下属分配从计划到最后检查都由自己独立完成的、需要肩负责任的工作。此时可以安排稍微超出本人能力范围的工作。在这样的工作中，下属能够拓展视野，提升视角，培养正确的工作态度和人际交往方式，促进其价值观和伦理观的成长。

世上并不存在仅凭一句"你去培养下属和后辈"的命令就能完成任务的人。就算对他们说"你要理解下属"，员工们也不知道该怎样理解，要理解什么。

因此，经营建议书就具体解释了要如何把握下属，并在此基础上如何展开教育。

这样一来，就算是头一次翻开经营建议书的新员工，也能马上展开行动。

此外，经营建议书有个最重要的特征，就是收集了现场的声音制作而成。在教材制作工程中，我们采访了在无印良品店铺有过相关经验的"店长前辈"，将他们曾经的烦恼和学习到的经验记录在了教材中。

如上所述，研修的教材基本都由自己准备，关键在于使内容符合公司本身的情况。再进一步说，我认为负责主持研修的**讲师也要基本上由本公司职员担任，这样才能获得更大成效。**

许多新人店长都会像自己的店长前辈一样碰到很多难题，彼时只需翻开教材就知道该如何解决，同时，如果负责主持研修的讲师能通过亲身体验，用自己的话语（公司的话语）来讲解，那理解的程度是断然不同的。

无印良品的研修所使用的教材，与其说是一本死书，倒不如称之为"成为店长的道路指针"更为恰当。

"任何人"都能具备领导力

经营建议书中详细讲述的经营基础,一般是入职十年以上的中坚员工才能学到的知识。然而我们却把这些知识教给了入职一年半的新员工。

因为我们认为,领导力是任何时候、任何人都能掌握的。这与成为社会人的年数没有关系。

这并不仅限于无印良品,而可以适用在所有商界人士身上。

或许有人认为,领导力是一种特殊能力,只有被选中的人才能够与之相关联。但这其实不是什么复杂的技巧,就连刚入职不久的员工,只要用心也能掌握。不妨在这里介绍一下经营建议书中讲述的"领导力"。

3. 发挥领导力的前提

要作为一名店长发挥领导力,必须要掌握号召下属、激励下属合作完成工作的基本方法和意愿。所谓的方法和意愿主要概括为以下三点——

·要求自己"身先士卒"的态度和表现。

·针对工作"主动抱有问题意识"的意愿。

·针对团队伙伴主动"关心他人,了解他人""激励伙伴""提供协助"。

如果仅作这样的说明,或许员工们还不知道实际上应该做些什么。

接下来,经营建议书又进行了进一步的说明。

■激励伙伴

对于缺乏意义和好处的事,人是很难提起积极性的。要想号召伙伴完成工作,必须让他们真正意识到结成团队完成这项工作的意义和好处。此外,还必须结合每一名成员自身所关心的问题,对他说明完成这项工作的意义和好处。

具体的激励方法有以下几种。

①使其产生兴趣

掌握下属的性格特点,用能够使其本人产生兴趣的方法安排工作,下达指示。

②明确目标

让团队成员将团队目标转化为个人目标,使工作变成"自己的事"。

③及时反馈

通过反馈行动和工作的结果,正确评价自身,并展望接下来的行动。

④让下属体验成功

成功体验能够转化为对下一次挑战的积极性。为了激发出强烈的成就感,最有效的方法是给下属制定稍微超出自身能力的目标。

⑤赏罚分明

一般来说,赞赏比惩罚更有效果。

⑥制造竞争

用竞争意识来鼓舞斗志。

⑦其他

例如强制执行或安排合作。

不知各位读者感觉如何。里面的内容并不算独特罕见。可是,只要是曾经当过领导者的人,想必都会对此产生共鸣。

可是,这并不意味着一当上店长就能完成经营建议书里提到的所有内容。因为从书本上学到的知识和通过实践获得智慧完全是两码事。要完全吸收教材里的内容,并确立员工自身的领导力,还是需要大约两年时间。因为没有了实践,知识永远不会变成自己的东西。

新员工必定会遇到的壁垒

在无印良品，员工入职三年左右，就开始陆续担任店长职务。

一旦成为店长，就必须作为店铺的最高领导者，与其他兼职人员和学生共同完成工作。其中还存在比自己年长，比自己工作经验丰富的店员。反观自己，却还没有达到能够熟练完成所有工作的状态。

在这种情况下，该如何发挥自己的领导能力，维持现场运作呢？

这对新员工来说，是最大的炼狱体验。

而实际上，每个新人店长都会遇到同样的困难。

"店员不听话""该如何教育比自己年长的人""跟店员像朋友一样相处，结果职场的气氛开始懈怠了"……对于这样的烦恼，根本不存在"这样做就能解决"的特效药。

只能靠本人绞尽脑汁，想办法加以解决。

有关沟通交流的问题，应该是所有新进职员共通的烦恼。

在学生时代，交流的主要对象是同龄朋友。因为是相对狭窄的交流圈子，学生们可能不会感到有什么困难。可是走进社会之后，就要跟各种年龄层的人进行交流，完成工作。因此每个人都要掌握符合对方年龄和立场的交流方式，否则就无法成事。

我认为，无论哪个企业在对新进员工展开研修培训时，都会教育交流的基本方法。但最重要的是通过实践来积累经验。

在这个意义上，如上所述，要在成为新店长之前，作为普通员工负责一些辅助性工作来积累经验。因为无法理解"对方"，就无法进行交流。

在这个前提之下，最重要的是**在现场进行尝试和经历失败。在理解对方立场的基础上反复实践——如果不这样做，就无法掌握交流能力。**

虽说如此，每个人在经过一定训练后都能进行顺利的交流。

经营建议书中收录了前辈店长为了创造好的职场氛围，该如何与员工进行交流的一些建议。

· <u>主动打招呼。</u>

·进行对话，把握状况。

·单独对话。

·传达"谢意"。

·平等对待。

等等。

这些并非特殊技能，而是小时候在学校就能学到的东西。要与他人敞开心扉进行交流，最重要的是注意一些日常的小对话。

如果一个人在工作中忽略了日常交流，突然摆出一副上司面孔让下属"做这个，做那个"，必定不会有人听从。

然而，只要掌握了做人的基本，无论跟什么年龄层的人都能实现交流，一旦遇到问题也能及早解决。

一切的基本都在于人际交往。只要能跨过交流这个巨大的壁垒，新进职员就会得到很大的收获。为此，必须尽量让新人得到更多与别人打交道的机会。

或许有很多人读完这一段后，觉得"这种事我早就知道了"。

可是，真正能做到的人又有多少呢。

说不定有不少人在不知不觉间已经忽略了这个重点。

培养年轻员工的秘诀——"若即若离"

假设有一名营销新人由于迟迟无法拿到订单而烦恼。

仔细一问，原来是通过电话营销一直无法得到面谈机会。为了解除这名下属的烦恼，各位会怎么做呢？

是扔给他一句"自己想办法"然后置之不理呢？还是认真教育他"你总结的营销对象还不够精炼。我们公司的商品要在这样的地方才能卖出去"呢？因为无印良品的特色在于一切业务标准化，因此无印良品应该是后者。

可是，解答也仅止于创建潜在客户名单，再往后，就要员工本人想办法解决了。

第一句话要说什么，对方才不会马上挂掉电话，然后该如何进行说明，才能让对方产生面谈的意愿。这些诀窍只有靠自己在实践中不断进行尝试，不断遭遇挫折才能真正掌握。

MUJIGRAM 也把"欢迎光临""谢谢惠顾"这种最基本的礼仪和接电话时的应答方式收入了指南中。

可是，在接待客人时该如何抓住时机跟客人展开对话，这在指南里却没有提到。因为会随时根据当时情况出现变化的事情，必须自己思考怎么解决。这种"若即若离"的态度，或许就能称作无印风格的人才培养。

在无印良品，除了刚刚入职进行的新人研修，还有入职之后的"跟进研修"。这样的研修分别在入职三个月后、六个月后的特定时期进行。

入职后被派遣到店铺的新人一般用三个月时间就能了解大概的工作，渐渐看清周围的状况。

这个跟进研修，就是在新人看清周围的情况后，渐渐开始产生烦恼、遇到问题的时期进行的。

大家聚在一起，分享自己在店铺中遇到的疑问和难题，再共同商量该如何解决。本来以为只有自己在烦恼的事情，分享过后就会发现其实大家都为此烦恼不已。当员工意识到"原来不只是自己"之后，就能安心不少。

在跟进研修中,人事部的负责人会充当讲师,在一定程度上告诉新人"你们肯定有这样的烦恼吧。某年某个前辈是这样做的"。可是,到底能否将学到的知识应用在实践中,还要看新人自己。

新人在研修中都找到了各自的答案,并带着那些答案回到店铺。

入职六个月后,有的新人还会调动到其他店铺,随后,在那里又会遇到各种不同的烦恼。于是大家又聚在一起共同商讨,在讲述自身想法的同时,能够渐渐明确自己所面对的课题,或是找到解决问题的途径。

我认为,建立这样的跟进体制,应该能够帮助新进员工度过那个不安的时期。

当然,上司和前辈在日常工作中的跟进也很重要。

无印良品的新进员工似乎也经常会向派遣店铺的店长讨教问题。

每当此时,店长都会认真听取员工的烦恼。可是,因为店长都已经彻底融入了无印风格,并不会手把手地教育新人该如何去做。

若是与工作相关的烦恼,店长们可能会说"不如你看看MUJIGRAM吧"。若是"兼职员工一直记不住工作流程"这样的烦恼,那店长则会反问"你平时是怎么教的?""那你觉得该怎么样才能让他记住呢?"激励本人自己去思考。

如果直接说出答案,就剥夺了员工自己思考的机会。如果我们直接给出答案,最后得到的只有"针对那个问题的解决对策"。

相反,如果让员工本人经过思考得出答案,就能获得思考能力和判断能力、责任感等方面的经验。因此,在新人遇到问题时可以提供建议,但究竟该如何行动这一决断,还必须交给他本人进行。

确实,对负责教育的一方来说,一次性说出全部答案其实会更加轻松。因为一旦有所保留,下属因此而出错,届时还要由自己来跟进解决。尽管如此,让下属靠自己的力量想办法解决问题,这才是上司的职责。

而且上司还必须注意一点。若想用若即若离的微妙距离感实现"培养",**关键在于老员工和领导者"理所当然地去做理所当然的事情"**。在此基础上进行"若即若离"的培养,不仅能让下属更快独立,从结果上说,也能让上司更加轻松。

让新员工在"培养人"的过程中成长

尽管在上司眼里还是新人,可是只要入职两年,无论是谁都会得到下一批新人作为自己的后辈,也能获得教育别人的机会。

这种时候,如果上司只扔给新人一句话:"你带一下今年的新人吧。"那无论负责教育的一方还是接受教育的一方都有可能陷入混乱。教育的内容有可能不够全面,也有可能把自己记错的内容教给后辈。这不仅会让接受教育的人感到困惑,负责教育的前辈也会丧失自信。

该教什么,按照什么顺序教。

只要上司决定了这些,那些成为前辈的新人们也就能够充满自信、富有节奏地承担起教育新进员工的任务了。

而且只要拥有自信,就能得到后辈的信赖,由此能够产生作为前辈的自觉性,促进员工成长。

在无印良品,一旦成为新人店长,就要站在指导店铺全体店员的立场上。

虽然还是一名经验尚浅的社会人，但只要是无印的员工，就必须经历这一步。他们不仅要掌管店铺经营，还要通过工作促进下属成长，这也是作为领导者的一项重要职责。

为什么要让还属于新进员工的这些人去教育别人呢？

那是因为，**教育他人最能促进自身的成长。**

教育别人的时候，如果教育者本身不能深入理解自己要教授的内容，就无法成功进行教育。平时自己漫不经心做的工作是最难教给别人的，容易产生"咦，我平时都是怎么做来着？"的疑惑。想必还会出现遇到一个意料之外的提问，连自己都不知道该如何回答的情况吧。通过对他人的教育，可以帮助自己重新审视工作，分清自己究竟理解了什么，还没有理解什么。

并且，还要绞尽脑汁想出最容易让学生理解的说明方法。

有人能够举一反三，有的人却必须从头到尾全部教一遍。如果不根据每个学生的特性改变教育方法，对方必定很难理解。

有时可能在反复教授同一件事的过程中，一不小心就容易烦躁地提高音量，结果跟学生的关系闹僵，甚至会影响工作。相反，迟迟记不住工作流程的人终于能够独当一面时，作为老师也一定会感到欣喜。

只有经历了这些或苦涩或快乐的体验，才能渐渐学会如何与人交流。

指导店员使用的是 MUJIGRAM。因为 MUJIGRAM 是集中了所有工作方法的指南书，只要有了这个，哪怕是新人店长也能开始教育下属了。

此外，**店长另一项重要的工作就是评价店员的工作情况**。这也绝不会转手交给资深员工进行评判，而是让新人店长独立完成。

只是，若不在做出评价时尽量排除个人好恶，现场就会变得一团糟。

为此，店长们会使用"升级表"。升级表是详细列出了"该评价店员哪些方面"的具体项目的评价表格。

例如，是否按照店铺安排的轮班时间准时上下班、着装是否符合标准、是否能够在任何时候都面带微笑看着顾客的眼睛打招呼，这些工作中的基本态度也被列入评价对象。此外还有负责收银和接电话时的应对是否合乎标准、商品上架是否遵照MUJIGRAM的规定进行，这些与业务相关的项目也包含在其中，顺应店员的成长程度进行指导和评价。

具体评价方法是，没有做到就画"×"，如果做到了，则按照完成程度分别记入"○"或"◎"。

有了这张升级表，就算是头一回站在教导者立场上的人，也能做出准确的评价。同时，只要掌握了这张表格里的内容，也就知道该在什么方面对下属进行培养了。

除此之外，"让店员确立目标"这一高层次的工作也都交由新人店长来完成。

连自己的目标都不知该如何是好，还要让别人确立目标，想必是难上加难。可是，一味埋头苦干并不能让自己的能力更上一层楼。

于是乎，就要根据经营建议书和升级表来指导下属确立自己的目标。

首先,上司要考虑店员的培养方向。接下来再听取店员本人的意愿,使方向性和目标趋于一致。大体就分为这两个步骤。

这个时候,要先参考升级表,确认店员本人比较擅长哪些部分,哪些部分尚有不足。这样一来,就能给员工确立"他已经比较习惯收银工作了,下次让他学习礼品包装工作吧""可以让他参照销量数据考虑商品陈列"这样的目标,也能看清接下来具体该如何操作。

只要构筑起这样的教育机制,无论是谁都能培养下属了。

中国有"三年寻良师"[1]的古训。如果不经深思熟虑就跟随一位蹩脚的先生,不仅无法学成,还会染上奇怪的习惯,导致无法挽回的错误。因此一开始选老师这个步骤是非常重要的。

在无印良品,为了让所有人都能成为"良师",特意准备了

---

1 译者才疏学浅,中文里面找不到这个典故,日文资料中也仅显示这句话是"武道修行"的古训,全文为"学艺三年不如寻师三年"。各种版本略有文字上的不同,大意相近,并且异口同声地说这句话来自中国,却全部没有给出典。

MUJIGRAM 和升级表这样的工具。

将一个人培养成良师固然重要,但那要耗费好几年时间。反倒是制定使所有人都能像良师一样实施教育的机制,才能够更好地防止现场产生混乱。

"新店长"之声①:云雀丘巴可店长 铃木里深

(入职前体验了四个月的兼职工作,于二〇〇九年进入公司。后被分配到静冈店铺,半年后调动到岐阜店铺。其后又调动到名古屋、滋贺的店铺,于二〇一三年来到云雀丘巴可分店。入职两年半后就任店长。)

我跟其他同期入职的员工相比,属于调动比较多的,最开始那段时期要花很长时间才能适应新的店铺。因此我总是在思考,要如何才能跟店铺里的员工熟悉起来。不过随着调动的次数变多,我渐渐习惯了那种状态,很快便只需一个月时间,就能把新店铺当成"自己的店铺"了。

被分配到第一家店铺时,我只学了一些工作的基础,因此决心努力让自己"能跟店铺里的兼职人员做同样的工作"。就在这个时候,店长突然把卖场的一块区域整个分给了我,这件事让我印象深刻。

当时店长对我说："这半年时间这里就交给你随意安排，请你找出自己独特的销售方法。"根据陈列方法的不同，有的东西会卖得很快，有的则根本卖不出去。就算是畅销商品，也会因为颜色不同出现不一样的营业额。每种颜色都认认真真地摆一个上去，或是只选几种好卖的颜色摆好几个上去，客人的反应都完全不同。那是我人生中头一次体会到做生意的乐趣。

就这样过了两年半，我头一次被任命为店长。当时我感到肩头的责任突然变重了。

当店员的时候，即使遇到销量不好，也只会说："唉，销量不太好呢。"可是一旦成为店长，就会不由自主地认为"销量不好是我的责任"。由于公司系统上能看到所有店铺的营业额，发现自己的店铺成绩不理想时，心中还会涌起"不甘心"的感觉，自然而然地就让我更有责任感了。现在我店里有一个后辈在担任代理店长，有一回他问我："成为店长后会有什么变化吗？"可是我却无法用语言来表达，只好跟他说："整个视野都会变得不一样，但是那要真正成为店长之后才能体会到，所以希望你早点当上哦。"

◆入职之后视野开阔了不少

我对无印良品的创造理念很有共鸣，因此想加入这个公司。在面试时也说过"我想进入商品部"。

最开始在店铺工作时，我只把这当成"进入商品部的一个台阶"，可是实际工作一段时间后，我渐渐喜欢上了销售商品的感觉。商品畅销时的喜悦，只是稍微改变一下摆放就能影响销量的震惊，我很高兴自己能够实际体验到这些。

可是在入职第三年，我曾经频频说出类似"我要辞职我要辞职"这样的话来（笑）。

我大学时读的是建筑系。身边的朋友要么进入研究生院进修，要么开始了建筑行业的工作。因为我非常喜欢设计和创作，在听那些工作于建筑行业的朋友们说话时……曾经一不小心在上司面前说漏嘴，说"想辞职"。

就在那时，我听说"Found MUJI"（在全世界搜寻能够在生活中长期使用的"好东西"进行展示，或将其改造成更适应现代生活的形式进行公布的活动。在东京·青山有一家店铺）马上要开始，正在公司内部公开招募店员。

我本来就很喜欢那种无名的创作。Found MUJI 正符合了我的兴趣，是一个将全世界被埋没的好东西找出来进行展示的平台。所以我很想挑战这个工作，便告诉上司我要参加招募。上司对我说"这样你就没法辞职了，真的没问题吗？""那我不辞职了。"就这样，我改变了自己的心意，直到今天都在继续努力，没有辞职。

虽说如此，我今后可能会想到海外的店铺去体验一番，或是对宣传产生兴趣。入职之前，我完全没想到自己的工作视野会变得如此开阔，但入职之后，我真的展望到了更大的世界。这种什么事情都有机会去做，任何人都能得到"机会"的环境，应该就是无印良品的魅力所在。

"新店长"之声②：拉拉花园春日部店店长 田中今日子

（二〇〇九年入职。被分配到北千住的店铺，先后调动到关东圈内的柏、水户、有乐町、深谷等店铺。最后在水户首次出任代理店长，在深谷就任店长。现在已经到了第二家店铺担任店长。）

我初入职被分配到Lumine北千住分店时还不太习惯自己的工作，每天都非常忙碌，没办法静下心来请教店长和前辈。当时真的是被工作追着跑的状态。

入职后先在本部接受了新员工研修，学会一些基础之后被分配到店铺工作，但我还是在作为一名员工磨练自己的领导能力时一开始就遭遇了挫折。

店铺里的店员多数都比我年长，可是在他们看来，我却是"正式员工"。但我当时还有很多不明白的事情，也有很多工作无法独自完成，因此为如何与其他店员相处伤透了脑筋。甚至还因为工作上的错误被店员训斥过。

那时公司本部正好开展了针对新人的跟进研修（参见91页），

我就找讲师求教去了。老师对我说:"所谓领导能力,并不是拉着一个什么人向前走,而是给周围的人带来好的影响。"我当时感到恍然大悟,至今还记得老师的那句话。

我原本并非那种天生具有领导力的性格,因此那句话让我眼前豁然开朗。

从那以后,我就再也没有一股脑地下达命令,或强行拉着下属工作。因为我发现,只是倾听对方的话,了解他现在的困扰,这样就是十分出色的领导能力了。当然店长也听了我的问题,他并没有教我"这样做比较好",而是在一问一答间仿佛让我自己开始思考了。可能就是因为有了这样的经历,我才能像那样既不强求也不急躁地跟店员进行交流吧。

◆只要敢于尝试总会有办法

当初入职时,我的最终目标并不是成为店铺的店员或店长,不过我本身就很喜欢无印良品的商品,心中自然怀有"每天都能接触到自己喜欢并经常使用的东西"这种意识,从来不会对工作感到厌倦。

虽说如此,刚入职那段时间我却一直忙于记住工作方法,根本无法在现场优哉游哉地一直体会"啊,在这里工作真幸福啊"的实感。反倒觉得:工作这种东西,真是让我的每一天都着急忙慌地流逝了啊……因此,如果不给自己一些激励,如果不暂时停下来确认自己所在的位置,就很容易随波逐流。

我认为自己没有真正产生过"还是辞职吧"这样的想法。可是，原本就不擅长当领导者的我却经常烦恼："这份工作真的适合我吗？""换成别的工作我会不会更容易掌握呢？"

可是最后我终于发现，"只要敢于尝试，就没有做不到的事情。"这不应该用单纯的适合不适合来判断。

于是我转念一想，如果认为这份工作不适合自己，那别的工作肯定也不适合自己了，总之先努力向前走，等实在走不下去了再想办法吧，就这样，我一直坚持到了现在。

我这个人很认生。可是一直这么认生下去，就做不好这个工作。自然而然地，我开始更加认真地听别人说话，也更加谨慎地思考自己的话语。现在我已经再也不会认生了，这是我成为社会人，进入无印良品后发生的最大改变。

只有遭遇不及格的时刻才是走向"真正职业生涯"的开端

刚入职的三年,是作为一名社会人的职业生涯的起点。

在那三年间,新人的能力会受到评判,估算今后的发展空间。那么,在新人时期被贴上"不及格"标签的人,难道就不能东山再起了吗?

我认为,只有在遭遇不及格之后的工作态度,才能构筑真正的职业生涯。

在无印良品担任过店长的员工,并非每个人都能顺利经营店铺。成为店长之前的新人还看不出什么差别,但是成为店长之后,就会开始出现差距。

有的员工无法跟店员搞好关系,使得店铺的气氛十分糟糕,也有的人在不得不同时进行多项业务的时候突然陷入恐慌。公司会根据情况把他们调动到别的店铺进行观察,但还是有的员工在调动之后依旧没有改善。

当然,公司也建立了针对店长的跟进体制。区域经理和区块店长（将每个区域分成几个区块，每个区块都有一名总管所有店铺的店长）会成为新人店长的上司，同时也是他们讨教问题的对象。只是，就算有了这些经理和店长的帮助，也存在一直无法重新振作的员工。

可是，员工的能力并不会因此而被下定论。

他们有可能是大器晚成，要成为领导者还为时尚早，也有可能只是对经营这方面不太擅长。

然而，这些迟迟无法成长的员工在回到本部之后，又经常会发挥出很惊人的实力。

社会人的人生很漫长，因此没必要因为一次失败而认定一切都完了。未来还有无数重新振作的机会。比起从未遭遇挫折，一直享受成功的人，反倒是**经历过失败后改变了生活方式和工作态度的人，更有可能成长为坚韧不拔的社会人**。同时，那样的人最后成为经营者的例子也很不少。我可以断言，相比从未尝过失败滋味的人，那些曾经失败的人在商界具有更强悍的实力。

你永远无法预料到一个人会因为什么样的契机开始成长。

各位读者的公司里可能也存在跟同期员工差距甚大，为自己的未来发展而烦恼的新人。如果你正好是那种新人的上司，请记住一定要用长远的目光看待下属。

如果你是正在烦恼的那个新人，也请你不要认为"现在的公司不适合自己"而轻易产生辞职的念头。就算辞职到了新的公司，现在遭遇的挫折可能依旧会对你产生影响。

在一个公司遭遇的失败，只有在同一个公司才能挽回。千万不能亲手舍弃自己东山再起的机会。

不过，有一点十分重要，那就是尝试去理解他人的态度。

不能考虑他人的人，无论做什么都不会成功。工作不是一个人独立完成的，除了同一个部门的团队，还要跟其他部门、交易对象合作推进。

无论交流能力是好是坏，只要一直保持试图理解他人的态度，就能无数次东山再起。只有经历过失败，才能比别人更加深入地考虑到对方的立场，也不会对自己过度自信。

Chapter Three

强化自己"想办法解决问题"这一能力的方法

越是疼爱的孩子，就越要让他吃苦

不敢把工作交给下属。我的下属都不可靠。

想必有很多上司都怀有这样的不满。

电视剧里经常会出现这样的上司——他们会对下属说："你照着自己的想法去做，我来负责任。"但那也仅限于电视剧里。

上司的工作也包括"把工作交给下属"。让工作毫无障碍地顺利完成固然重要，但引导下属独当一面也是非常重要的课题。

让上司随心所欲地操纵下属是行不通的，必须要让下属能够独立掌握工作，为此，就要考验到上司的"托付能力"。请各位上司回忆一下，你之所以能够成长到这个地步，不也正是因为一直有人在后面给你提供支援吗。

前年十二月，公司把一名三十多岁的课长任命为泰国办事处（MUJI Retail <Thailand> Co., Ltd）的社长。

他在那个月末赶赴泰国，元旦也是在那里度过的。决定任命后不到一个月时间，他就决定了单身赴任，让家人后期再来团聚。如此短的时间，他可能没办法做多少事前准备，甚至连英语都说不好。

无印良品从二〇〇六年开始进入泰国，到现在已经开起了十家店铺。在此之前我们一直采用跟泰国百货店进行授权销售的模式，前年决定与那家百货商店合资建立公司，并将他提拔为社长。

在此之前，我们一直是将中国制造的商品运往日本，再从日本出口到泰国，因此泰国无印良品的价格是日本原价的2倍到2.5倍。当地人很少能够负担这样的高价。

于是，他为了降低进货成本，建立起了从中国和越南工厂直接将商品运送到泰国的系统。结果将近三分之二的商品价格降低了20%，营业额一下就上去了。不仅如此，还大大缩减了商品从工厂到达店铺的时间。

这样的改善只有亲自到当地去，亲自发现问题并研究对策才能实现。如果仅仅听从日本本部的指示，想必无法做出如此大胆的应对。

在无印良品，经常会出现突然让**员工独自一人到尚未建立办事处的地区出差**的情况。就算是从未出过国的员工，也在被派遣的行列。

当然，由于我们在海外开店的节奏非常快，就算想派遣拥有出国经验的员工也找不到人手。可是，**正因为我们相信，没有海外经验的员工也能在异国独自开拓一片天地，才会放心把他们送出去。**

如果把有在国外任职经验的人士换到新的地区，就会变成把工作交给那名特定的"员工"。这样一来，只能让那名员工积累更多在海外工作的经验，别的员工却学不到任何东西。要想"把人安排到工作中"，最佳选择就是派遣经验为零的人。

突然被派遣到海外，就能促使员工理解对方的立场。

在当地接连遭受文化冲击之后，员工就会明白日本的常识并不是世界通用的。每个国家的语言不同，饮食、生活习惯和工作方法也截然不同。

跟语言和常识都完全不相同的人该如何进行交流。通过这样的炼狱体验，员工就会产生为对方考虑的意识。单方面的交流是不可能成立的。比起将自己的想法传达给对方，尝试去接受对方的想法更为重要。这种意识在回到日本后也能起到很大作用。

本章介绍无印良品海外赴任和海外研修的方法。

"托付"并没有人们想象中的那样简单。为了减少风险，同时派好几名员工到同一个地方，让他们工作时有讨论的对象，这样会更安全。

可是这样一来，他们就得不到"自己进行判断"的能力。只有在一个人绞尽脑汁解决问题的过程中得到磨练，才能让员工迅速成长。

无印良品之所以要刻意将员工送到严苛的环境中，就是因为炼狱体验最能促进人的成长，也最能提高人的能力。从我自身的经验来看，年轻时吃过苦头的人，也是能力最强的人。

如果各位读者的公司能够提供到海外赴任的机会，就请你毫不犹豫地接受挑战。就算不那么做，只要感觉自己停止了成长，最好还是将自己置身于炼狱体验中。因为人们总是只擅长于溺爱自己,却无论长到多少岁,都无法对自己严格要求。

是否具有"一个人想办法解决问题"的经验

以前,公司曾派遣一名资深员工到香港负责当地业务。

因为他不会英语,公司便给他安排了会讲日语的当地员工,但这并没有带来什么好结果。会讲日语的当地员工俨然成了他的秘书,跟当地人的所有交流都是通过那名员工来进行的。

由于资深员工自己并不直接参与对话,导致他一直与当地人存在隔阂。无法直接交流,就无法理解对方的心情,也无法体会到当地的文化背景和历史、生活习惯的差异。

虽说如此,英语很棒的人却不一定在工作上十分优秀。公司也曾派遣擅长英语的人到国外去,虽然那样能够与当地的人进行交流,却有可能无法获得预期的成果。

我认为,其实不会说外语也无所谓。可是,在赴任之后必须想办法与当地的人沟通想法,这种沟通能力才是最重要的。

无印良品建立了在前往海外前,能够接受英语或汉语课程的体制。可是,在那些课程中能学到的只有一些基本对话。如果不真正去使用那种语言，是永远没办法学会的，所以不管记住多少例句都远远不够。

例如当地店员在某项工作做到一半时突然说："下班时间到了，我要回去"。在店员未结束工作的情况下要回家的时候（这种事真的发生过），该如何向他解释，并请他留下呢？这在语言课程里是学不到的，必须想尽办法连说带比划让对方明白自己的意思。如果语言不通，用画画来说明也可以。

就在员工绞尽脑汁努力进行交流的时候，自然而然地就能慢慢学会当地的语言。甚至很快就能跟当地店员开玩笑闲聊了。

交流能力的高低取决于能否了解对方。

虽然不同国家、不同年龄和不同性别的人会呈现某种集体倾向，但每个人之间的差别还是很大的，因此必须细心研究交流对象。

为了了解对方，必须从平时开始就锻炼自己把握对方想法、特点、习惯、喜好的训练。

比如上面提到的工作途中突然说要回家的人，如果是重视家庭生活的性格，那么可以在尊重对方想法的基础上，与其交涉"能否再多留十分钟"。而如果对方的想法是"我只在店铺规定的时间内工作"，那么可以考虑调整对他的指导方法，保证他在规定的时间内能够完成工作。

像这样，针对一个问题有多种解决办法可以选择的人，就可以判断为交流能力较高。

能够当着很多人的面说话，那是表现能力较高，跟交流能力又略有不同。所谓交流能力，就是"深入理解对方"的能力，它所要求的是能够互相交换彼此想法的能力。这种能力不是一朝一夕就能掌握的。可是，只要具备了这样的交流能力，就能够在任何地方立足。因此，这才是世界性人才必备的能力。

被派遣到海外赴任或研修的员工中，也有折戟而回的人。

其中固然包括无法与当地人进行良好交流的人，但最主要的是，**没有冒险决心的人，必然会碰壁**。

例如日本的物流十分优秀，只要不发生恶劣天气这种意外情况，就能够准时将货物送达目的地。可是在海外，无缘无故拖延好几天是十分正常的。

如果碰到那样的情况，不断请示日本本部"商品还没送到，该怎么办"的话，现场可能会愈发混乱。员工必须亲自到当地工厂说服他们尽快出货，或者用其他商品填补空缺，根据不同情况想出不同的解决方法。如果没有自信亲自做出判断，不敢冒险的人，到最后也只能弄得一团糟。

那种类型的员工很难再派遣到海外去，今后可能只会给他安排日本国内的工作。不过，这当然不意味着仅仅一次失败就终结了那名员工的前途。就算不擅长与人交流，依旧能做很多工作。他们可以在那样的部门重新挑战。

由于突然被独自扔到一个谁都不认识自己地方，员工必然会感到强烈的不安和孤独。

特别是为了建立新据点而到海外赴任的员工，必须从在当地创办法人开始。或是在当地寻找值得信任的顾问和税务会计等专业人员，或是找先行进入那个区域的日本企业讨教，总之必须自己想办法摸索着前进。

而且店铺开张后，还必须在当地招聘店员进行教育。

经常有人说工作要持有"经营者的视角"。无印良品的海外赴任工作不仅是视角，甚至能作为一名实际的经营者体验整个过程。无需明言，那种体验无论在任何商业场合都能适用。如果员工退休后打算开展什么事业，那种经验必定能够派上用场。

就算不经历海外赴任，也能在某种程度上掌握"想办法解决问题的能力"。

比如挑战大型项目，或者投身自己一直回避的工作，**只要选择了困难的道路，就能培养出想办法解决问题的能力。**反之，如果一直逃避困难，人就会越来越退化。无论身处哪个时代，为了拥有生存下去的实力，就必须磨练解决问题的能力。

"海外派遣"实例①：销售部东京西区经理 秋田彻

（一九九八年入职，历任区域经理等职务，于二〇〇七年调动到海外事业部。在海外参与过成立法人等诸多工作，曾经独自一人前往北京、雅加达、马尼拉等地建立海外据点。）

我本来就希望到海外工作，因此很早就提出了希望被派遣到海外的请求。二〇〇七年调动到海外事业部后，很快就接到了前往中国北京的内部指示。可是，出发前的准备时间比我想象的还要短。虽然我很希望能到海外工作，可是真正接到派遣之后我还是感到了慌乱。而且出发日期竟然近在眼前。当时我孩子才出生一个月，要跟家人分开生活，着实让我感到有些寂寞。

我在北京的任务是成立法人。当时无印良品还没进入北京，因此要在那里建立一个据点。于是我在没有公司后盾、没有员工也没有驻在人员的情况下只身来到了这个地方。因为这样的状况，我的第一个工作就成了给自己找地方住。在最开始的半年时间里，那个住所也兼任了我的办事处。后来还在当地聘用了九名员工，他们每天都到我租的住处办公。不知不觉间，冰箱里就装满了他们的食物，厨房和起居室也多出了很多他们的东西。那间出租屋慢慢地有了一点合租房的气氛。而且我一点汉语都不会，只能在当地从零开始学习。所幸其中两名中国员工会说日语，于是我每天早上八点到八点半请他们教我学习汉语，而八点半到九点则由我来教授日语，互相学习彼此的语言。

◆**敞开心扉后，他们就亲如家人。**

到中国来的人基本分为两个类型。一种是很快习惯了这里的环境，在当地迅速成长的人；另一种则是迟迟无法适应环境，感到些许疲劳的人。我在公司里堪称派遣期间生活愉快的典范，没有感到丝毫痛苦。

当然很多时候不得不经历一些弯路。例如我问员工"听明白了吗？"大家都会很有朝气地说"明白啦！"可是当他们告诉我"工作完成了"，把我叫过去看的时候，我却发现根本没有做好，不禁有些失落。但是中国人普遍都爱面子，遇到这种情况还不能当着别人的面教训他。只能努力忍耐着，对他说："谢谢，既然做完了，不如跟我来一下吧。"再把他带到另一个地方去，然后才能重新跟他讲注意事项，再把方法复述一遍。

要跟中国人建立互相信赖的关系并不容易。可是，一旦能够对彼此敞开心扉，就能获得比日本人之间更加亲密的关系，甚至坚固得让人忍不住认为，对方一定不会背叛自己。

因为最开始我们基本上是在办事处一起生活的，因此我跟员工们自然就形成了跟家人一样的关系。虽然也曾闹过矛盾，但同样成了能够对彼此说心里话的同伴。

在中国建立一号店后，我也无数次向店员们讲述了无印良品的理念。当然，也体验了无数次迟迟无法让对方理解的焦躁感。

如今，当时我教出来的员工还有人在当地的无印良品工作。原来一号店的店长现在是北京的地区经理，而在店里兼职的一名店员如今也升任了东北地区经理。现在轮到他们在中国传递无印良品的理念了。听到这样的消息，让我不由得深深感叹"当初的辛苦真是没白费啊"。

现在我已经结束了海外赴任，在日本担任区域经理。在海外待了五年，我的视野真的扩大了许多。在海外，如果不积极地向顾客传递无印良品的理念，就无法让他们理解。那么难道在日本就更简单吗？事实并非如此。

我认为，在日本用简单明了的方法向顾客传递无印良品的理念，是提高企业价值的重要举措，而从传递理念这一点上考虑，又让我重新意识到店铺所承担的责任和让每一名店员正确理解无印良品理念的重要性。

"海外派遣"实例②：有乐町店长 新井真人

（一九九七年入职后，担任过多家店铺店长。调动到海外事业部后，曾经负责中国台湾、韩国等亚洲地区，以及意大利、法国、欧洲中心地区的当地分社长和法人成立工作。还在中东和近东的迪拜、科威特等地负责过初步开拓工作。）

因为父亲的工作关系，我从两岁到十二岁左右都是在南美度过的，因此比较熟悉拉丁语系的语言。小时候曾经在秘鲁和巴西居住，会说西班牙语和葡萄牙语，这两种语言都跟我后来的派遣地使用的意大利语十分相似。尽管有着这样的基础，我在前往意大利赴任后还是花了很多时间，一边与当地人进行交流，一边学习那里的语言。首次到海外赴任的地点是米兰，由于那四年半的时间里，自己一直处在只有一个日本人的派遣体制中，我就把从成立公司到店铺开张的所有工作都做了一遍。人事、财务、宣传、促销，这些都必须由我一个人来完成。我进入无印良品本来就希望能够到海外工作，因此自学了美国注册会计师的课程，可是人事和宣传方面我真的一点都不懂。因此便在当地一边与律师、顾问、会计进行交流，一边独自学习。

我认为，那些经验在回到日本后也起到了很大作用。成立公司必须具备什么样的部门、每个部门分别承担什么样的职责、该如何进行合作，我渐渐具备了俯瞰整个组织的视野。这就是所谓的经营者的视野吧。可是，由于体制决定了当地只能有一个日本人，使得我无法跟任何人共享信息，很多事情只有自己才知道。由于这种状况在很多派遣国都发生过，因此公司在我到国外赴任的时期，于欧洲本部伦敦建立了控股公司，改为了由那个公司统筹所有销售公司的形式。

从那以后，我会尽量跟伦敦本部共享信息。建立了每周进行一次各个销售公司的汇报，共享信息，然后做出判断的体制。这种体制一直沿用至今。

我还学到了另外一个知识，那就是在海外聘用员工时，能否看清一个人的本质往往决定了成败。

欧洲比较盛行个人主义，每个人都能根据自己的想法展开行动。可是，由于个性比较完善，能够靠教育来磨练的部分就很少。而且拉丁国家的法律基本上是保护劳动者的，一旦聘用就很难将其辞退。为此，凡是有望升任管理层的人都要事先进行背景调查，每一名员工也要经过半年的试用期，真正了解其本质后才予以聘用。尽管如此，还是有人会在试用期结束的瞬间变成另一副面孔……不过日本员工虽然能够遵守规矩，却容易过度在意周围的目光，因此只能说双方都有长处和缺点吧。

◆ MUJIGRAM 让交流更轻松

在当地指导店员时，最值得依赖的还是 MUJIGRAM。

可是，由于各国法律不同，偶尔会出现难以跟进的状况，反之，当地的一些做法也很值得参考。于是我便随机应变，这个工作可能用日本的方法更稳妥，那个工作可以参考当地的做法。例如 VMD（Visual Merchan dising，视觉营销）这个通过店铺展示进行营销的方法。因为在建立店铺时必须让所有店员都学会这个方法，因此在中国台湾和韩国开店，以及在意大利和法国培训店员时，我都会将日语版的 MUJIGRAM 总结成小册子发给他们。要是没有这种指南，A 店长和 B 店长的店铺经营方法就会完全不同，最后变成个人店铺，很难体现出无印良品的风格。

在业务方面,我用MUJIGRAM来示范基本流程,然后将业务委托给值得信赖的店员,这样就算我不在了,店铺也能由当地员工来支撑运转。拉丁国家非常重视人与人之间的关系,人际网络决定了工作的顺利程度。无关头衔,能够实现人与人之间的往来非常重要。因此我在交接工作时更加重视的并非业务能力,而是给继任者介绍当地的关系网。

"海外派遣"实例③:物流促进负责人 业务管理课长 松延实成

(大学毕业后曾经在土木工程等其他业界工作,于一九九六年通过中途录用加入无印良品。分配到店铺后,历任数店铺店长,二〇〇九年调动到物流部门。二〇一〇年九月开始,到中国赴任三年。)

我在中国负责物流和系统运营。当时店铺数还不多,但中国领土广阔,必须建立一个系统确保商品能够毫无阻碍地送达各个店铺。保管商品,根据需要分成小批配送到店铺。我的工作就是跟负责这一流程的当地物流公司一同建立无印良品物流技术。不过在最开始的一两个月,我发现按照日本的思考来做事根本行不通。

因为日本人和中国人的思维方式完全不同。在日本,人们会把东西整整齐齐地码放进箱子里。可是在中国,人们却会把鞋子胡乱堆到

T恤上，而且码放商品时也不对齐方向，导致纸箱无法盖起。即便如此，他们还是会使劲压住箱盖，然后贴上胶条将其固定。由于状况如此，我不得不从将东西整齐码放进箱子里的方法开始教起。但由于环境和常识的不同，这也是没办法的事情。

这种时候，如果我说："我们公司就是这样规定的，所以你们要这样做。"他们是不会听的。必须向他们提示好处："这样做更方便，而且掌握了这种技巧的人，就算离开了我们公司，也算是学会了一项技能。"否则他们绝不会产生"不如试试看吧"的想法。

中国人很讲原则，如果我们希望他做的事情与他的利益不一致，那么他就绝不会去做。所以我就采用了首先提示这样做能够给他什么样的好处，然后才问他要不要试试的做法。换句话说，就是不断在寻找日本人和中国人的原则共通之处。

到了中国以后，我意识到必须做一份能让外国人也理解的指南。虽然中国也在使用MUJIGRAM，但如果单纯地将日文版MUJIGRAM翻译过来，有很多事情是无法让对方彻底理解的。如果向中国店员提议"跟顾客搭话的时候不要大喊大叫，要走到他身边与其交谈"，有人会径直贴到顾客身后，用跟平常一样的音量大声说话。换句话说，日本人的"身边"跟中国人的"身边"是不一样的概念。

因此，为了保证无论哪国人都能清楚理解，必须将描述改为"站在离顾客约 50cm 的地方"，并配上插图或照片进行说明。美国是个多民族国家，说明的时候我们不会使用文字，而是用图形符号进行说明。这让我感觉到，MUJIGRAM 到最后是不是要全部改成插图形式呢。

◆就算在陌生的国度也要想办法解决问题

由于不得不一个人掌控物流，我有时也会感到压力很大。因为必须从零开始构筑无印良品在中国的物流系统。我至今仍觉得，这当中虽然有很多辛酸，却也让我得到了很多收获。

总之，如果不先确定一个"起点"，就无法定下前方的"坐标"。如果让下一个负责人再次从零开始会非常艰难，于是我就想，"有点问题也无所谓，总之先定个起点吧。"然后只要后来之人一点点改善就好——如果不抱着这样的决心，绝对不可能从零开始构筑一个据点（起点）。最后我的想法已经变成了"只要动手做总会有办法"。

人无论到什么地方，只要习惯了就好，就算语言不通也总能想到办法。回国后我被分配到了物流部门，大家都说："你变得会听别人说话了呢"（笑）。我认为，自己在此之前只顾着拼命传达自己的想法。现在回到日本，虽然语言相通，反倒一下子把不需要看到的地方也看得清清楚楚，还能得到在中国根本想都不敢想的关照。这种差异让我在刚回国那段时间甚至感到有点迷茫。

海外短期研修从制定计划的阶段开始"全权交给本人"

无印良品在二〇一一年开始了一项尝试,那就是让课长级员工全部到海外进行研修。

时间是三个月。**到什么国家去,在那里做什么,都由本人来决定。**

当地的住所也让他们自己来找。到底是住酒店还是租公寓,从这里开始就要自己动脑子思考。

预算是每年二十人,合计四千万日元左右。分配到个人就是两百万日元左右。

员工们似乎都会选择无印良品已经开了店铺的区域,制定跟现在的业务相关联的研修计划。但人才培养委员会并不会让员工在当地的无印良品承担任何工作。甚至允许他们在跟无印良品毫无关系的企业和店铺上班。

有的员工会制定无印良品海外工厂视察和开发新工厂的计划,有个商品开发部的员工还声称"我想开发意面酱",就跑到意大利去吃了整整三个月的意大利面。另一个负责开发健康＆美容商品的员工为了调查欧洲香氛、护肤和有机商品，还成了空中飞人在各地飞来飞去。

员工定好计划后要事先汇报给人才培养委员会，但委员会并不会否决。而且也无需事先汇报预算具体的使用方案，仅由每个人在各自的目的地自主控制。就算因为突发事件在中途用完了预算，也不会让员工马上回国，更不会让员工自己承担多出的费用。

这是完全的自愿负责原则。**员工把钱花出去，本部也绝不会过问，这就是无印良品风格的海外研修。**

当课长不在日本时，公司也不会做出委任代理课长的举动。

因此，在海外研修计划开始之前，公司内部出现了许多反对意见，都说"课长离开三个月会让现场陷入混乱"。课长们对不得不扔下工作到海外研修感到不安，下属们也都为"课长不在就没人指导我们工作"而为难。

可是，业务规范书就是为这种时候而准备的。只要所有业务都实现了标准化，无论谁离开几个月，都不会影响工作的顺利进展。

"公司不存在仅由课长负责的业务，下属完全可以在课长出国期间为其分担工作。"在公司做出这样的解释后，员工们总算认同了。并且在完成研修回国之后，课长们看到手头的业务并没有出现丝毫阻滞，似乎都切身体会到了"原来自己离开了也不会影响到工作啊"。

事实上，在课长前往海外研修期间，其下属似乎会通过电子邮件与之交流工作上的问题。不过课长身在远方，必然无法做出十分详细的指示，而且国外也存在时差，讨教问题的部下想必也等不及上司的回复。自然而然地，部下就会开始依靠自己的判断做出行动。

这样一来，海外短期研修不仅对课长本人，而且对其留在国内的下属也是一个很好的磨练。毕竟下属今后不会一直都是下属，总有一天也会成为独当一面的领导者。因此这种模拟体验可说是非常有益的。

研修过程中，公司本部基本上不会主动联系课长们，而且也事先说明了无需进行中间汇报。因此，就算他们在国外一点工作都不干，整天游山玩水，本部也不可能发现。这就成了他们自身的问题，要充分利用这次研修还是将其浪费在玩乐中，全都取决于课长本人。

虽说如此，研修结束回国后，他们还是要向人才培养委员会汇报。

我和金井社长每次都会出席，并且每次都对此十分期待。因为我们即将见到的，是在国外成长了许多的课长们。其中甚至还有被晒得皮肤黝黑的员工。

然而，研修的"重头戏"其实是在回国之后。

只有将海外研修的体验应用到日常业务中，才叫真正得到了研修成果。

可是并非只有开发新商品提案、引进海外营销策略这些直接应用在业务中的才叫成果。

时刻保持敏锐的目光，并自己想办法解决问题的意识；发生问题时不会逃避,而是勇敢面对的决心;深入理解对方的交流能力……能够发挥出这样的实力,才能成为最棒的成果。

从外部明确"自己公司的长处和短处"

大约在四年前,产业能率大学公布的"不希望到海外工作的新进员工占总人数50%"这一调查结果成了人们竞相谈论的话题。想必现在的情况也与当时相差无几。

虽然人们开始重视年轻人的内向化问题,可是现在即使身在日本也能通过网络获得任何国家的信息,能吃到全世界的美食,生活也足够丰富。我认为,他们内心的真正想法是找不到想去国外的理由而已。

可是,就算本人找不到"理由",将自己置身海外却一定是有"意义"的。

若不亲身去体验一番,就无法真正了解海外的状况。

反过来说,如果不到海外去历练一番,对海外市场的重视程度就会越来越低,搞不好还会产生对外国的"恐惧意识"。

实施海外短期研修的目的之一,就是"让员工的视野不仅局限于日本国内"。在无印良品尤其如此,今后国外的店铺数会与日本相同,甚至会超过日本。在进入那样的时代之前,有必要去除每一个员工不将国外纳入工作视野,成为"抵抗势力"的危险因素。换句话说,就是要让他们认为身在海外是一件"极其普通"的事。

置身海外还有别的益处。

通过海外赴任和研修,员工们也得到了从外部审视自己公司的机会。

虽然无印良品在海外开店的速度逐年上升,但在世界的认知度还不够高。其中,法国便是成功发展店铺的国家之一。或许是因为那个国家本来就很欣赏日本文化,很多人都认为 MUJI 跟日本的禅和茶道拥有同样的精神。再反观中国,顾客们并非"因为是无印良品才选择购买",而多数都是因为"是日本制造所以选择购买"。

一旦到了那种几乎无人了解无印良品的地方,要想让当地人真正理解无印良品的理念,就必须正视自己对公司的理解程度有多深这个问题。员工们能够将无印良品的理念传达到一个什么程度。为什么商品设计都如此简约？为什么每个店铺的商品摆放都是一样的？

如果当地店员认为"这样摆放更好"而随意改变了店铺的商品陈列，就必须对其说明无印良品的理念。负责说明的人所讲的内容，将会成为无印良品这个品牌今后在这个国家的印象，因此绝不能说出半吊子的话来。这就成了**考验自己理解程度的绝佳机会**。

我经常听说有些人在跟外国人交谈时被问及日本的文化和历史，竟然一个字都回答不上来的事例。因此，不走到外面就无法意识到自己是多么无知。

各位在与交易对象接触时，想必也会意识到自己公司的优缺点吧。爱社精神固然重要，但不做任何思考就全盘接受却是很危险的。只要拥有从外部审视公司的视野，自然就会产生积极改善问题的意识。

无印良品是个可以向一切事物发起挑战的公司，但同时也意味着，**不自己思考、亲身实践的人就会一事无成**。员工通过海外赴任和研修能够深切体会到这一点，这就能够促使他们开始思考今后该如何工作。

各位如果有机会到海外旅行，请务必到当地的无印良品店铺中看一眼。想必在那里都能见到正在孤军奋战的无印良品员工。

如果上去跟他们交谈，或许还能听到员工在海外的体验。与其听我一个人说，倒不如听听员工们的看法，说不定能够让你产生更多共鸣。

"海外短期研修"实例①：WEB 事业部 川名常海

（一九九二年入职。完成店铺工作后，被分配到本部宣传促销室。二〇〇四年调动至 WEB 事业部，历任两个课的课长，拥有二十名下属。）

我参加短期研修的时间是二〇一一年六月到八月底。属于公司第一批研修生。公司史无前例地没有做出任何规定，让我们自己决定去哪里，在当地做什么。不管在当地有没有认识的人，要住酒店还是租房子全部都得自己来决定。我认为设定研修内容的水准和范围这件事很好玩，但还是感觉到"全部都由自己做主"确实有点难度。

自己真正想做的究竟是什么？在不断扪心自问的过程中，我意识到自己想去如今正在涉及的数字化营销领域最前沿的企业去看看。一番调查过后，我找到了威登肯尼迪和AKQA等世界知名的数字营销公司。

我心里虽然在想"能不能混到里面去学习学习呢"，可是却找不到任何渠道。就在那时，我突然想起有个高中朋友在伦敦从事创意工作。因为我们在FACEBOOK上是互粉好友，我就把这当成救命稻草，给他发了一条信息："有个研修项目我得自己设计。你那儿有什么数字广告公司能让我混进去吗？"后来他回信说："我现在就在AKQA伦敦分部负责耐克的创意总监。"这真是个天大的巧合。于是我虽然说不了几句英语，还是决定抓住这个机会，求他帮我在AKQA找个活干。

AKQA分部和无印良品分部正好只隔了一站路。于是我便制定了一个一边支援当地无印良品工作，一边在AKQA工作的研修计划。

◆在伦敦数字营销公司学习

AKQA的员工来自各个国家，是个名副其实的全球化企业。

我一开始还以为，既然是个数字营销公司，那大家是否都一言不发地对着电脑工作，不怎么交流呢……结果到那里一看，情况完全相反。

比如一个人往展板上贴了许多网站和APP的图片，然后说一声

"过来看看吧",大家就会"呼啦"一声聚集起来。彼此进行一番讨论,各自提出"这样会不会更好"的主意后,又"呼啦"一声解散。那里很少有长时间的会议,而这种小会议则已经成了日常。

最近,乔恩·贝尔提出的"麦当劳理论"在网络上受到了热议。大家决定一起去吃午饭时,如果有人问:"今天吃什么?"基本上很少有人会回答。可是,只要有人先说:"不如去麦当劳吧。"很快大家就会纷纷提出:"不好不好,干脆去吃那边的荞麦面吧。"就像这样,只要一开始随便提出一个"议案",那些不愿意执行的人就会纷纷说出自己的想法——这就是所谓的"麦当劳理论"。我心想,那些小会议是否也存在这样的意义呢?

很快,我就把这种小会议引进了自己的团队中。放弃了原来的报告会议,改成每次开一个五分钟左右的短会,干脆利落地解散。

因为我所在的团队工作特殊,大家很容易变得只对着电脑,不跟别人交流。但我开始意识到,与其期待某个人用聪明的大脑想出绝妙的点子,倒不如大家一边交谈一边慢慢形成方案,收集各个方面的视角更为重要。一个人伤透了脑筋也想不出什么所以然来,可是只要从外部接收一个课题,反倒可能得出"应该可以这样做吧"的解决方案。这种紧密联系也是很重要的啊——如此这般,通过这次研修让我改变了很多想法。我认为这都是短期研修期间的经历带来的。

"海外短期研修"实例②：食品部 铃木美智子

（一九九二年入职。结束店铺工作后调动到商品部的服装部门。其后历任数家店铺店长，二〇一〇年回到本部，进入食品部工作至今。）

现在，无印良品在中国的店铺数越来越多了。因此从日本出货的商品也包括了食品类别。不过东日本大地震过后，中国的海关规制越来越严格，有很多东西已经不能从日本出口。

于是，我就给自己制定了在中国当地寻找商品制造工厂的海外短期研修主题。决心在中国找到能够生产与日本品质相同、品管相同之商品的厂商。具体方法则是请现在在日本与无印良品有合作的厂商介绍中国国内厂商，或是拜访与中国有贸易往来的日本企业进行讨教。

在中国，我实际拜访了超过十个厂商，可是当时就感觉"可以跟他合作"的只有一家。虽然我只了解日本工厂的体制和生产环境，但是对当地工厂的卫生管理依旧产生了许多疑问。回到日本后，我又请其他负责人帮我评判候选工厂，后来又跟进了候选工厂的改善计划，大约三个月后，总算给两家工厂发出了认证书。

◆日本的常识并非世界通用

在中国令我感到最惊讶的是，中国人并不信任中国制造的商品。甚至中国无印良品的店员都迫切希望我们能够将日本生产的商品出口到中国去。

上海到处都充斥着日本的商品，并且价格十分高昂。尽管如此，人们还是会跟风购买。似乎能吃到上面印着日语的点心零食就很有面子，会被大家认为是有钱人，甚至能够彰显自己的地位。

在中国，我得到了与某个日本企业高管交谈的机会。他对我说："日本人的出发点是相信他人，在互相信任的基础上进行交易，因此一旦对方做出不稳妥的事情就会十分愤怒。可是在中国和其他国家，人们不会轻易相信他人。所以，就算你用日本人理所当然的思想大发脾气，那也只是日本的原则，而不是世界的原则。这点需要特别注意。"

我认为的确是这样。无印良品的常识原来并不是世间的普遍常识。

这是在日本国内无法了解到的。比如跟身在中国的日本员工用电话和邮件交谈，由于时差只有一个小时，往往很快就能得到答复。可是一想到他们正在自己的常识并不通用的环境中苦苦战斗，我就觉得不能用自己的日本式思维给他们添麻烦了。

我认为，有很多事情不到当地去是不会明白的。

中国什么样的商品卖什么样的价钱、购买情况如何、物价大概是什么水平，如果不实际观察在当地生活的人，是不可能了解到这些细节的。创造商品时，如果不了解当地情况，就无法定价。我也是在中国无数次走进超市和便利店进行调查后，才了解到"如果不是这样的价格，顾客就不会买"。

可是，如果只想把商品控制在那个价格范围内，用料等级就会下降,食品味道也会变差,无法体现出无印良品的风格。就这样,我在迷茫中持续调查了两个月。

至今为止,我们眼中都只看到了无印良品在日本国内的市场,也只能想到"这个在日本会畅销吗"。商品在海外如何处理?我们做的东西是怎么卖出去的?怎么在顾客间传播的?这些我们都不曾考虑过。

因此我有一个强烈的感慨,那就是今后创造商品时必须切换自己的视角,做出深刻蕴含了无印良品理念的商品,并让它们传播出去。

绝对"不逃避"问题

在这一章的最后,我要讲讲"决心"。

想必所有人都曾遇到过工作不顺的时候。

比如跟上司或下属意见不合,或自己花大力气做出的成果得不到认可。

每当这种时候,我并不会想着"调整调整心情吧",而是更加坚定了"绝对要从正面打开局势"的决心。

如果仅仅是调整心情,而没有解决问题,那只会让问题往后拖延。然而,许多问题拖延的时间越长就会越严重。

而且一旦就此妥协便会陷入自我厌恶的怪圈,无论喝多少酒来调整心情,也会留下那种烦躁的感觉。

与其让自己变成那样,还不如直视那个问题,与其缠斗到底。这样做的办法只有一个,那就是正面审视导致工作不顺的原因,并将其改变。

例如跟周围的人交流不畅,那就只能改变交流的方法。如果只会发发牢骚,说"那个上司根本不了解现场""那个下属根本不听人说话",是无法解决任何问题的。那只是拒绝正视问题的本质,选择了逃避而已。

要真正解决问题,就只有想办法让上司理解现场的情况,换一种能让下属听从的指示方法。

只要像这样正面突破,就能找到办法,并且一定能解决问题。

其实这样的决心在精神层面反倒是更轻松的。光顾着思考逃避的方法,难道不会加剧压力吗?如果大家都这样,那世界上所有白领人士都要越来越消沉了。

一九九七年日本消费税上调为5%的时候,无印良品陷入了巨大混乱。

顾客们一齐涌到店中,想在涨价前把能买的都买下来囤货,因此导致无印良品的商品配送供不应求了。

运输公司还跟别的企业签有协议,自然不能只帮无印良品运送货物。为此,我们的物流瘫痪了两三个星期,每天都能接到大量顾客投诉和询问。

当时我正好是负责管理物流的高管。由于下属们一接电话就是"怎么货还没到。究竟怎么回事。把你们负责人叫来!"由于一直被骂,他们开始害怕接电话,选择了逃避。而我就是那个负责人,逃是逃不掉的,只能尽可能地接电话,尽可能地赔礼道歉。

而且,由于不能干等着物流公司从瘫痪状态中恢复过来,我们还请小红帽(轻型汽车运送)把货物从府中市的物流中心运到弘前,总之把所有能想到、能做到的办法都尝试了一遍。

那段时间真是起早贪黑地工作。至今我还认为,那段炼狱体验是自己成长最快的时期。

那段时间的经验,至今仍被我活用在工作中。

二〇一四年消费税上调为 8%,无印良品公开表示暂不更改商品价格和标牌。

无印良品的价格尾数都是"00 日元""000 日元"这样的数字,如果加上增税数额,就会让商品价格失去干净利落的感觉。于是公司决定,增税后也不改变商品价格。为此,我们重新审视了物流费用，又想办法增加东南亚工厂的产量比例，以此来压低商品价格。也就是说，绝大部分商品基本上等同于降价了。

我们提前好几个星期公布了这个消息，同时还在各大媒体进行广泛宣传。

尽管如此，还是有很多顾客涌到店中想要囤货，不可避免地导致了商品配送混乱。不过我们事先已经想好了对策，并没有演变为上次的恐慌。

所以，遇到问题不能逃避，必须要从正面打开局势。

越是逃避，问题就会越严重，最后压迫到自己头上。

在遇到问题时，只要尽我所能想办法去解决，总是能够熬过去的。

Chapter Four

"团队合作"不能创造,而要培养

无印良品里有"团队",没有"派系"

一直以来,日本人都以极高的团队合作能力出名。

就连心高气傲的中国人,也说出了这样一句话:"一个日本人是一条虫,三个日本人是一条龙。"

可是,团队合作如果误入歧途,就会产生派系。

人们常说,三个人聚在一起,可能也会产生两个派系。无论是公司还是学校,政治或是行政,甚至连兴趣小组都可能存在派系。

日本人拥有抱团的特性,基本上不会进行有主体性的单独行动。与其自己动脑思考然后行动,不如跟别人抱团更轻松。可能因为这样,才让任何组织都能成为派系的温床。

这些派系乍一看似乎很团结。可是否真的如此呢?

我认为,派系才是侵蚀组织内部的"狮子身中虫"[1]。

---

[1] 语出《莲华面经》卷上:"阿难,譬如师(狮)子命绝身死,若空、若地、若水、若陆所有众生,不噉食彼师子身肉,唯师子身自生诸虫,还自噉食师子之肉。阿难,我之佛法非馀能坏,是我法中诸恶比丘,犹如毒刺,破我三阿僧祇劫积行勤苦所积佛法。"

一旦形成派系，就会产生圈地牟利的意识。独占对自己团队有利的信息，争夺让自己处在优势的权力。派系之间还会互扯后腿。

其中根本不存在"为了组织""为了公司"这样的目的。如果所有人心里想的都是"只要自己好就行"，组织就会不断衰退下去。

在零售这个行业，商品部和销售部的关系从来就没好过。我还在职时的西友也不例外。在高管等权力大的人周围，无时无刻不围着一群人。虽然不能断言那是导致西友长期业绩低迷的唯一原因，可是如果每个人心里考虑的都是组织而非派系，恐怕结果就会不同吧。

无印良品的员工基本上也是在团队中工作的。可是，我们有的是团队合作，却不存在派系。

以前当然也存在过疑似派系的小团体，可是公司通过大胆的岗位调动，使得依附于某个特定的"人"和"立场"变得不再有意义了。

"业务标准化"同时也成了公司不产生派系的原因。

无论是谁在什么时候进入什么部门，都会跟那个部门里的人做一样的工作。不管是刚入职一年的新人，还是工作了十年以上的资深员工，公司的机制都决定了他们能够做一样的工作。

首先，自己离开岗位会让工作停滞这种事绝不会发生。

这就是"不把工作安排给特定的人"的意义所在。就算那个人不在了，业务也不会受到影响，因此权力也不会集中在某个特定的人身上。当员工意识到自己独拔头筹毫无意义之后，自然会产生对团队的归属意识。

此外，不把工作安排给某个特定的人，还能防止权力过分集中到某个部门。

只有销售部一家独大，并不能带动整个组织的发展。因为公司还需要商品开发的实力，也要开发销售商品的店铺的实力，还有管理店铺的实力。如果没有这些，组织就无法成型。

无印良品会让员工到各种各样的部门去体验，自然而然地就在他们心中种下了所有部门都很重要的意识。

无印良品的团队之所以能够运作，是因为每个员工心里都怀着同样的"目的"在工作。

那个目的就是，让无印良品这个品牌一直持续下去。

本章主要介绍无印良品风格的团队创建方法。

其实所有方法都很简单，并没有什么特别之处。看完这一章后，各位读者想必就能明白，团队最需要的并不是具有领袖气质的领导者，也并非网罗了一群像四号击球手一样优秀的成员就能干出业绩来。

团队合作能力只有依靠平日的交流才能巩固。正是因为忽略了这一基本，才会让团队失去方向。

最强的团队不能"创造",而要"培养"

喜欢职业棒球的人想必知道,有这么一段时期,巨人队的队员几乎全是四号击球手。那么,巨人后来获胜了吗?实际上并没有。因为**集中了最强的成员,并不意味着能够组成最强的团队。**

如果没有上垒率高的队员,就不能多得分,如果没有擅长跑垒的队员,就无法扩大攻势。

棒球不仅是进攻,防守也十分重要。投手阵营需要先发和中继等各种类型的队员,能够守好外野的外野手同样很重要。

如果每个人都只会用力挥舞球棒追求本垒打,不仅得不到分,还无法防止失分。棒球是靠团队合作力来决定胜负的运动。

公司或企业的工作,基本上也由团队单位来完成。

想必每个团队的领导者都想"把优秀的成员汇集到团队中"吧。

可是,如果团队里全是优秀成员,结果会如何呢?有可能每个人都试图哗众取宠,使整个团队失去秩序。工作中必然伴随着繁琐的文书作业,但优秀的员工往往容易忽略了这些平凡无奇的工作。

我认为，所谓团队不该追求在组建的那一刻就十分完美，而应该**在组建之后，汇集全员的力量让团队成长壮大。**

在组建团队的时候，领导者必须考虑"全优"而非"次优"。当然，在个体基础上提升效率和等级这种次优固然重要，可是我也无数次说过，无论积累多少次优，最后都不可能变成全优。

不能只让眼光停留在自己的部门，而应该考虑整体的协调，组建能够给公司留下最大成果的团队。在选择团队成员时，必须持有这样的想法。

例如将营业部的优秀成员全部集中到同一个部门，那个部门的营销成绩必然会上升。可是这样一来，公司整体的平衡就会崩溃。考虑自己部门的利益固然重要，可是如果所有人都只考虑到那些，最终只能实现次优而已。

在组建团队时，如果不仔细选择最初的成员，就很难实现全优。

无印良品每次策划大项目时，基本上都会召集不同部门的成

员组成团队。 如果不促使人事部和销售部、商品部这些部门跨界合作，就无法实现全优的目标。因此才要让跟项目有所关联部门的成员，甚至在各个部门都有影响力的人毫无隔阂地齐聚一堂。

在部门内部组建团队，基本也是一样的。

召集团队成员时需要的理念并不是"能够招徕优秀人才"，而是"能否募集适合岗位的人才"。如果不募集能力各异、性格不同、视角独特的人，就无法组成强大的团队。

领导者只需要一人，如果人一多，就容易变成"三个和尚没水吃"。能够充当领导者左膀右臂的人、长于协调的人、拥有优秀调查分析能力的人，只要团队中各种类型的人才充足，就能发挥巨大实力。

最需要注意的是，领导者千万不能根据个人喜好来募集人才。一旦那样做，纪律就会松散，提高了团队分崩离析的危险。

此外，如果能不仅局限于唯命是从的人，而是**把会说"不"的人也加入团队中**，那么这个团队一定就是最强大的。

同时，最为重要的还是团结这些成员的领导者。领导者的素质既能让团队强大，也能使团队衰弱。领导者必须具备的基本要素有：

- 能够团结下属。
- 能够看清事物的本质。
- 能够克服障碍。
- 能够领导团队按时完成工作。

以上便是一些主要条件。各位如果站在选择领导者的立场上，那就请选择拥有这些素质的人。反过来，如果读者们自己就是领导者，那就要意识到，如果自身不具备这些素质，手下的团队就不可能强大起来。

领导者是伴随团队共同成长的。团结下属的能力，克服障碍的能力，这些不是一开始就能具备的。或许作为一个领导者，最重要的素质是无论发生什么事情，都能带领团队走到最后的决心。

"没有"理想的领导者形象

长久以来一直有人评价:"日本没有真正的领袖。"

理想上司和领导者的排行之所以能得到媒体热捧,或许也从某种方面体现了这种缺失领袖的氛围。

那么,理想的领导者究竟是什么样的呢?有很多人可能会认为,只有平衡掌握了领导能力和人际关系、问题解决能力和决策力,以及自我管理能力的人才能称之为理想的领导者吧。

从结论上说,我认为根本不存在理想的领导者形象。

前面介绍了一个领导者必须具备的基本素质,可是讲到领导者的形象,**想必一百个领导者会表现出一百种不同的形象**。正因为如此,人们才必须找到自己独特的领导方式。

领导者必须具备的能力随着时代和文化、公司组织和性质的不同,随时都处在变化之中。

比如，过去曾经需要像本田宗一郎和松下幸之助[1]这样，能够用力量和热情引导大家的、实力强悍的领导者。因为在那个经济高度成长、劲头十足的时期，需要一个让所有人保持方向一致的绝对的领军人物。

至于现在，我感觉已经不再需要像过去那样具有很强领袖魅力的领导者了。

反倒是跟下属目光持平、认真倾听他们的话、擅长交流的领导者能够创造出更好的成绩。

遗憾的是，并不存在"只要这样做就能成为一流领袖"的方法。因为那种理想看似有形，实际上却是"无形之型"。

那同时也意味着，无论什么人都具备成为领导者的素质。

二〇〇〇年美国公布了最伟大总统排名，第一名是乔治·华盛顿，第二名是亚伯拉罕·林肯，而紧随那两位伟人之后的，则

---

[1] 分别是本田汽车和松下电器的创始人。

是富兰克林·罗斯福[1]。

罗斯福在经济大萧条时期推行了新政。他接连展开许多公共事业,建立了为失业者提供工作岗位的平台。同时又建立起社会保障制度,使贫困阶层和失业者、残障者能够得到救济,总之是一名划时代的政治家。

而在日本颇受欢迎的约翰·F.肯尼迪[2]却意外地排到了第十八名。

肯尼迪阻止了苏美之间的核战争爆发,又在越战中主张尽早抽身,同时还计划废除种族歧视,推进了阿波罗计划,给美国人民构筑了伟大的梦想。

可是,像肯尼迪这样充满正义感的领导者却不一定能得到很高的评价。与其说哪个类型更为理想,还不如说是**领导者的形象是否符合那个时代,才是决定评价的标准**。

1　分别是美国第1任、第16任和第32任总统。

2　美国第35任总统。

自上而下还是自下而上，这都不是很重要的问题。

只要重视道德，能够为对方着想，团队成员自然就会信任并追随。

很多人想学习所谓的领导学和管理学，市面上也有很多这样的书籍。但最重要的其实是"对工作的态度"。

仅靠诀窍是无法操纵任何人的。只要秉着真挚的态度投身工作，团队成员也必定会对你报以信任。

领导者的资质——"是否会犹豫朝令夕改"

上周刚刚定下计划,这周却因为情况有变,不得不马上修改。这种所谓"朝令夕改"的例子,在商界时有发生。

朝令夕改经常被人用作贬义词汇,但我认为,**能否做到朝令夕改,是决定领导者资质的其中一个条件。**

当然,随心所欲地把周围的人指使得团团转是万万不可的。作为一个领导者,无论什么事情都要进行慎重的判断。

尽管如此,还是会出现不得不临时做出变更的时候。每当遇到那种时刻,就必须毫不犹豫地做出改变。

人无完人,判断失误是很正常的。最重要的是失误之后的对策。如果迟迟不做出决断,拖延决策时间,就会让问题复杂化。必须在发现问题之后马上进行修正。

如果只是小地方出错还能重做,一旦要颠覆已经开始的重大计划,还是需要勇气的。

假设一个上司同意了下属制定的活动方案。下属开始准备场地器材，安排日程，方案开始执行后，牵扯到了周围很多人。

可是没过多久，上司突然想到"现在就在有限空间里进行集中宣传是否为时过早？如果把这些预算用来进行直邮和传单广告宣传，向更大范围的人展示公司的产品应该更有效吧。"如果得出了这个结论，就必须悬崖勒马。

这种时候，**如果是自己的判断出现了失误，就要爽快地承认。**如果想蒙混过关，就会失去下属的信任，以后他有可能不再听上司的指示。

此外，如果一直磨磨蹭蹭地"先看看情况再说"，就会浪费更多成本和下属的劳动力。马上停止一切工作，不仅对下属和团队，同时对公司也是有好处的。

由于朝令夕改引起周围的不满，可以在短期内彻底消弭。可是一旦由于踌躇不决而拖延了决策时间，就只会招致下属的不信任。

不过，在朝令夕改时要注意遵守"**可以改变方法，绝不改变**

方针"的原则。

只要关系到公司根基的理念和原则巍然不动，换一个方法也是毫无问题的。

假设为了让某个商品降价10%，因此要将成本降低5%。可是由于日元贬值，材料费用反而增加了。这种时候马上重新核定商品降价幅度应该是最理所当然的。然而，如果要勉强压低成本，导致商品的强度和质量下降，这在以提供优良品质商品为原则的公司，就属于触及核心的问题。

为了坚持核心原则，在环境和条件发生改变时，反倒更应该把应该变更的细节立刻进行变更。

就算是标榜"古早味"的店铺，如果一直坚持跟以前一样的制作方法，也只会慢慢衰退下去。时代不同，人们的口味和原材料的味道都会发生变化。如果不迎合那种变化改变制作方法，就保不住自己的古早味了。最应该守住的其实并非是方法，而是味道和诚信。

如今时代更重视速度经营。公司所处的环境每天都会发生改变，各种信息也以令人目眩的节奏变换着。

可以说"变化已经成了常态"吧。

在这样的环境中，领导者必须具备应对变化的能力，并且能够快速做出判断。过去要花一个月时间仔细讨论的事情，现在搞不好在几天时间内就要定下来。

因此，我们只能在奔跑中思考。

在奔跑中思考，一旦发现此前的决策有错，马上将其撤回。应该只有这种特别适应变化的领导者，才能培养出特别适应变化的团队吧。

积极性来自"成果"

管理团队的一个重要课题,就是如何保持成员的积极性。

如果仅仅告知"这个月的营业额目标是五百万日元"这个数字,是无法激发团队干劲的。单纯地制定硬性指标,只会让下属倍感压力,疲惫不堪。可是,只利用加薪这种奖励措施也不好。因为**金钱固然能激发暂时的积极性,却不能长久保持下去。**

人们只有在得到"给公司和团队派上了用场"甚至"对社会做出了贡献"这种巨大的满足感时,才能保持自己的积极性。

换句话说,积极性来源于工作中的成果。例如拿下了大订单,自己开发的产品成了热销商品,这种简单明了的成果最能激发人的积极性。

可是,那种大成就并非所有人随时都能得到的。公司并不仅仅由大工作组成,更是由各种琐碎的工作和细小的成果累积而成的。正因为如此,才要认可细小的工作成果,给予好评。正是这些细小的成就感,支撑了无穷尽的积极性。

有个电视节目叫"第一次跑腿"。小孩子头一次自己一个人出门跑腿，顺利买到东西回家后，一家人就会夸奖道："太棒了，你真是好样的。"这样一来，孩子就会更加自信，以后对"跑腿"的积极性也就更高了。如果这种时候对孩子说出"你总算学会了。""这种小事，邻居家的孩子早就会了。"这种否定性的话语，孩子就会彻底失去干劲。

其实不仅是孩子，包括我在内的大人也一样。

举个例子，在无印良品有一个负责防止顾客发生事故的部门。有一天，那里接到了关于顾客在店内使用的铁制推车的建议。铁制推车外形是方方正正的，建议里说那个尖角撞到客人身上应该会很危险。而实际上，我们确实收到过那样的事故报告。

很快，公司就组建了处理这一问题的团队，最后把推车换成了圆形钢管制成的安全形状。一开始，我们把新推车放在十间店铺里观察效果，做出了安全性已经提高的判断。随后，无印良品所有店铺就迅速换成了那种款式的手推车。

改善手推车设计并不能直接提升店铺销售额。因为不是商品，即使有些改变顾客们想必也很难察觉。

可是"让顾客在安全舒适的环境中愉快购物"是实现无印良品公司理念的重要原则。

通过改良手推车切实感受到事故减少这一成果的团队成员，想必都感觉到了工作收获成果的欣喜吧。所谓成就感就是这种小小的喜悦积累而成的，而那种喜悦又会激发更高的积极性和团队合作精神。

仅凭"加油""我对你有信心"这些口头鼓励并不能让积极性长久保持下去。可是，只要创造出能够切实体会到成果的工作，就能激发员工的积极性，也能让团队整体的士气得到提升。

领导者不能只满足于鼓励，而必须寻找能够成就"激励"的方法。

如何应对"有问题的下属"

根据专门处理劳资问题的律师以及社会保险劳务顾问的说法，公司最常遇到的问题就是"如何应对问题员工"。

领导者自然应该平等对待所有下属。可是，就算领导者再怎么公平公正，还是会存在具有攻击性的下属和偷懒的下属。特别严重的情况下，就不得不向顾问咨询，或者找法律专家帮助解决问题。

不过，大部分时候还是能靠日常交流的方法来解决。为了不让问题更加严重，必须尽早加以处理。我在这里介绍一下应对不同类型问题员工的方法。

·偷懒的下属

偷懒的人固然有其个人的性格因素，但绝大部分都是因为员工本身并不赞同这个任务，或其实很不愿意做，却被上司分配到了这个任务。

对这种下属说再多"鼓起干劲来""你有点松懈了吧"也没有用。反复做出同样的指示,下属只会越来越没有干劲。

遇到这种情况,就有必要向对方说明完成那个任务对公司能起到什么作用。而且还要用本人能够接受的方式来说明。我感觉有很多上司都认为"只要发出指示下属当然就要服从",而没有进行足够的说明。

所有工作都有"先行工事"和"后续工事"。 所有工事结合在一起才能变成一项工作,并非只要完成自己负责的部分就可以了。

例如让下属完成一项录入数据的工作,先行工事就是向对方说明这些数据是从哪来的。后续工事就是进一步说明加入这些数据会在哪方面造成影响。充分说明了先行工事和后续工事之后,就能向下属表明这个工作所包含的意义。

耐心地向下属说明他的工作在公司整体占据了什么样的位置,会带来什么样的影响需要很多时间。"闭上嘴给我老实干活"反倒更加轻松。

可是用长远的眼光来看，花在指导上的时间最终都是有正面意义的。只要让下属萌生主人翁意识，使他能够自行产生动力，再往后就不需要同样的指导了。

陀思妥耶夫斯基的《死屋手记》中有这样一句话："把一堆泥土从一个地方搬到另一个地方，然后再搬回去……这样的惩罚也就变成了折磨和复仇，而且是毫无意义的，因为它达不到任何实际的目的。"为了"播种"而挖掘泥土并非痛苦，可是把泥土挖出来又填回去这种毫无意义的工作却会让人痛苦不堪。

在工作上也一样，只要处在目的不明，"奉命行事"的感觉中，就会认为工作是痛苦的。

·喜欢哗众取宠的下属

不与周围人交流，独自完成工作得到成果的人。或者喜欢到处炫耀"这是我的功劳"的人。这种哗众取宠的人多数时候都是"优秀的白领"。

欧美国家更加偏好那种类型的员工，但日本却存在枪打出头鸟、绝不姑息的倾向，因此在团队合作时最好稍微控制一下。

这种类型的人怀有一种"渴望被认可"的"好印象欲"。当然，无论是谁都多多少少怀有那种欲望。他们只是把内心的欲望表达得过于露骨而已。

性格在其中起到了决定性因素，因此不是说改就能改掉的。如果不由分说地告诫这种类型的员工"别太出头了""别扰乱团队秩序"，有可能会伤害到他们的自尊，最终令其丧失对工作的热情。

因此，可以尝试将严词告诫换为大家一起饮酒聚会时半开玩笑地说："大家都知道你能干，还有什么必要到处炫耀呢？"或许会得到更好的效果。

当然，可能还有必要补充一句："下次行动前记得跟我说一声哦。"

· 什么都反对的下属

常常对别人的意见表现出"可是，那有点……"的否定情绪。

"反正不管做什么工资都还是那个样子。"从而表现出不合作态度。

"那东西现在早就不流行了。"可是批判后又不提出更好的方案。

诸如此类，有的人就是对整个世界都抱有消极情绪。可是，若不让那样的成员加入进来，就无法发挥出团队的实力。

遇到不听话的下属，就要分析"那他会听谁的话呢"。然后再去找那个人代替自己做出指示。

假设有个下属总是反驳自己的指示。稍微打听一下，发现他跟之前那个部门的上司关系很好，只要是那个上司的指示他都会乖乖听从。这种时候就可以去请那个上司代为转达。

此时不得不放弃自己心中那点小小的自尊。上司有可能会因为"跑到别的部门去求人，显得自己没有能力"而感到踌躇，但眼前最重要的课题是让下属接受工作安排。不管用什么方法，只要能得到下属听从指示的结果就好。

或是遇到不愿认可他人意见的类型，只要诱使那个人做出认可就好。上司不是直接下达命令,而是提供几个选项,让那个下属自己选择负责的工作。只要是自己选的,想必他也会有干劲了吧。

此外,若有下属一直提出否定意见,何不将那些否定意见理解为提升工作准确度的建议呢。保守的人会一直提出"万一发生这样的事故怎么办?""万一交易对象为难了怎么办?"如果能将他的"万一"全部打消,工作的风险就会近乎为零。因此,保守之人的意见往往能够提升工作的准确度。

以上这些针对"问题下属"时领导者该做出的行动都有一个共通之处,那就是**"绝不回避眼前的问题"**。

无论跟下属关系如何之差,一旦态度苛刻或干脆不给他安排工作,领导者就失职了。要完成一项业务,就必须将个人感情放到一边。要培养这种能力,只能靠一点一点积攒经验。

如果由于问题下属的影响,使团队无法完成业务,那就必须更改成员结构。但这只能被当成最终手段,如果只因为"我不喜欢"

就随便改动成员，只会让团队越来越不团结。

自己认为最好的团队，并不一定就是最适合完成工作的团队。不存在从一开始就是最强的队伍。只能靠领导者和团队成员共同让其成长为最强。

是否混淆了"妥协"与"决断"

即使团队整体目标一致,也会频繁发生意见的争执。更应该说,正因为大家都认真对待工作,才会发生那样的冲突。只要不将个人感情融入其中,意见对立无疑是值得鼓励的。

这种时候就会考验到领导者的胆识。

听取对立双方的意见,这是最基本的。然后做出最终决定,这就是领导者的职责。

例如商品开发时,销售部和商品部的意见出现了分歧。

销售部的意见是"制作能畅销的商品"。

商品部的意见则是"不想做跟其他公司一样的东西"。

问题不在于谁对谁错,彼此立场不同,思考方式自然也会不同。

可能有很多人认为,此时最为有效的方式是将双方的意见折衷,寻找两个对立面的中间点。其实这是**最糟糕的选择**。

领导者必须冷静地思考,哪一方的意见更能帮助实现目标或完成任务。

可是，同时考虑双方立场做出决断应该是人之常情。

或许还会做出"创造热销商品的同时，利用色彩和材质来体现变化"这样的折衷决定。

可是，**最该优先的并不是和平解决问题，而是能否达到企业和团队的目标。妥协和折衷不能称作决断。**

这样思考下来，就有可能得出"现在的目标是追求销量，先专攻热销商品吧"这样的结论，也有可能做出"还是以创新为前提大胆进行挑战吧"的判断。

决定采用哪一方的意见之后，领导者还有另外一个任务，就是向所有人进行说明，让他们理解这个决策的意图。

没有被选中的一方可能会发出"这不公平"的抱怨，可是只因为害怕听到那种抱怨就**做出妥协双方的决策，反倒会给两方面都留下芥蒂。**

当然，偶尔也会出现综合双方要求最为合适的结论。

例如在零售业中，负责商品采购和负责商品销售的部门时常会出现意见对立。

采购方为了降低采购成本，希望一次采购大量商品，而销售方由于不想造成不良库存，希望调整采购数量。

这种时候有一个办法，就是向负责包含仓库租金在内的所有资金流动的财务负责人咨询意见。就算降低了采购成本，如果增加了仓库租金等管理费用就毫无意义了。然后就要根据公司规模计算合适的采购数量，重新提出方案。

不管怎么说，每次决策后都应该重视向下属说明原因，使其理解决策这一过程。只要认真做到这一步，就不会被说成"独断专行"。

全体成员都要共享团队目标

以团队为单位展开工作时,最重要的是设定目标。

目标分为公司制定的自上而下的目标,以及下属自发形成的自下而上的目标这两种类型。不管怎么说,请务必牢记,达成目标的关键在于"如何让团队共享那个目标"。

首先来讲讲自上而下制定目标的情形。

这种时候,经营者会向员工提示经营目标和公司理念、方向性。各团队的领导者必须透彻地理解任务意义,设定新的团队目标。

假设公司将目标定位在年度的效益提升,那么有的部门就会得到降低成本的指示,而有的部门则会得到增加营业额的指示。接到"增加营业额"指示的销售部门在组成团队时,会根据公司目标制定"比去年增长30%""增长500万日元"的具体数字目标向团队做出指示。

可是,那还不能算是团队的目标。

为了达到"增长30%"具体要做些什么。是进一步过滤营销范围，进行电子邮件和传单宣传，还是有必要重新分析消费者层次。

领导者必须制定出这样的策略，设定访问数量和时间表一类的指标，总结出让团队成员知道该如何行动的具体目标。

像这种以团队为单位完成自上而下的目标的时候，领导者必须站出来以船长身份掌舵。如果将上头制定的"比去年增长30%"这个数字直接定为团队目标，成员们就会做出诸如重点销售高单价商品、重点销售热销商品这样截然不同的理解。这样一来，就无法让团队保持一致的步伐。

接下来讲讲自下而上制定目标组建团队的情形。

在无印良品，WH运动（W=Double[1]，H=Half）就是自下而上的活动。WH运动以"生产力翻倍，浪费减半"为口号，请全体员工就改善公司内部环境和提高顾客满意程度等方面提出议案。

1　Double 的日式简化，因为该单词用日语发音与 W 的日语发音一致。

举个例子，以前店铺里使用的家具和器材都要由店长写申请书向销售部和业务改革部提出申请，再由总务部和店铺开发部核查预算，最后向合作商家下订单——这就是整个流程。家具要花整整十八天才能采购到店铺里。

某天，店铺开发部接到了"让店长直接向合作商家下订单不就好了吗"的提案。改为这种方式后，只需六天就能到货了。整个过程所需的时间缩减到了原来的三分之一。

能够汇集只有身在现场才能总结出来的智慧，这可能就是自下而上的好处。

自上而下的命令最好不听取团队成员的意见，而是由领导者一个人决定，这样能保持目标不偏离轴心，然而自下而上的情况则有些许不同。因为那是员工自发组织的行动，最好还是让大家各抒己见，再由领导者进行精确的总结，制定让所有成员都认可的目标。

总而言之，自上而下的目标应由领导者充分领会，再制定相应的目标转达给团队成员。而自下而上的目标则要听取大家的意见,共同得出最佳的目标。

虽然设定目标的方法大不相同,但无论是哪种方法,最重要的都是让成员理解并共享那个目标,共享程度的高低,也就决定了最终成果的大小。

新官上任要"坦率"

本书的读者中想必也有头一次作为船长出航的新晋领导者吧。新晋领导者就算完全模仿了本书介绍的方法,一开始也有可能并不顺利。与其东想西想,到处借鉴别人的诀窍,**新官上任更应该要坦率一点为好。**

"我必须给大家起到模范带头作用""为了团队,我必须成为一个完美的领导者"——大家可能都会执著于这种想法,可是昨天为止还是接受教育的人,今天突然就成了教育者,这种时候没有谁能马上做到完美。

既然做不到,那就照着做不到的方法做下去即可。

不要试图一个人掌控全局,倒不如坦率地说:"我也是头一次当领导者,还要麻烦大家多多指教。"向周围的人主动寻求帮助,反而更加轻松。

据我所知,**越是优秀的领导者,就越会向对方展示自己的弱点。**

"我比较擅长商业交涉,可是却不太会总结文件。"

"公司的办公桌倒是收拾得很干净,可是自己家却乱得不行。"

像这样展示自己的弱点,反倒能让周围的人也敞开心扉。

人遇到愿意对自己展露弱点的人,也就更容易向对方展示自己的弱点。反之,如果是一个完美主义者,那他周围的人必定也会感到紧张。

在现场发生失误或引发矛盾时,员工必须尽快向上级汇报。而领导者只要率先营造出让员工可以安心汇报的氛围,就能构筑起汇报联络十分流畅的环境。

此外,熟知自身缺点的人更容易认可他人。

坚持认为"自己很完美"的人,其视野会非常狭窄,很难容纳他人。而不愿认可他人的人,自然也不会得到别人的认可。无需明言,那样的人并不适合当领导者。

虽说如此,在被任命为领导者之后,要在众人面前放松戒备却并没有嘴上说的那么简单。我刚担任无印良品社长的时候也是如此。

最初那段时间无论如何都放松不下来，一直绷着"社长架子"在做事。

记得那时负责担任社外董事的吉野家社长安部修仁先生对我说："松井先生，你还是坦率一点会更好吧？"

他对我的建议是，既然因为个性受到普遍好评而当上社长，不如照着自己平时的性子做事会更好。因为那句话，我一下放松了不少。

也请各位不要过于担心，大胆表现出自己的个性。只要做到了这点，就算走出了身为领导者的第一步。

领导者与教师等站在人上的人既相似又略有不同。站在教师和师傅立场上的人，如果不在能力和人格两方面都出类拔萃，就无法得到学生的信任。可是，一个领导者可以不必完美无瑕，依旧会有下属和后辈追随。

我发自内心地祝愿各位能够培养起属于自己的领导能力。

Chapter Five

激发积极性的"交流"法

是否正确运用了"夸奖与训斥"?

现在似乎十分盛行"夸奖使之进步"的想法。

可能是现在的年轻人越来越经受不起打击,不得不像往脓疮上抹药一样小心翼翼地对待,因此才多了这样的想法。

我很赞成夸奖使之进步的说法,可是该训斥的时候不训斥,是无法让员工成长的。

唯独应该避免的,是感情用事地大吼大叫。

只需指出对方的不足和错误之处,教他如何改善便可。若在这种时候强加上"是你没动脑子思考"这类主观意见,就会让人际关系变得十分尴尬。

该夸奖的时候好好夸奖,该训斥的时候好好训斥。这才是交流的大原则。

第二章介绍的"经营建议书"中,记载了这样的内容:

该训斥的时候训斥，该夸奖的时候夸奖

在职场中经常出现这样的想法。

·"大家都在做的事"就算不好也"可以做"。

·"大家都不做的事"就算很好也"不用做"。

若要彻底明确该做和不能做的事情，必须明确以下三点：

①在全体成员面前明确"应该做的事（鼓励做的事）"和"不能做的事"。

②领导者用自己的行动来起到示范作用。

③公平对待每一个人，绝不容许特例。

最为重要的是，要在员工完成"应该做的事"时给予夸奖，做了"不能做的事"时予以训斥。若该责备而不责备，团队成员就会认为那种行为是"被默认的"。

我本人的看法也基本一致。

若不利用"夸奖"和"训斥"来明确划分该做的事和不能做的事，就会让员工自行妄断"好和坏"。那样一来，现场就会陷入混乱。

领导者有时必须做好被讨厌的心理准备来训斥下属。必须时刻铭记，能让所有人笑逐颜开的领导者并不是好的领导者。

此外，斥责过后的跟进在交流中也是十分重要的。若不及时跟进，就容易留下感情上的桎梏。

就算训斥的内容是正确的，也没有人会心甘情愿地挨骂。如果置之不理，很可能会引起越来越多"我不喜欢那个上司"的不满。

每次我在会议上严厉地批评下属，都会在会议结束后找他谈话，告诉他："刚才我的话有些强硬了，因为我很看好你。"

我认为，对方本来就明白自己为何会被训斥，在听到那句话之后，应该就能爽快地接受事实了。正因为那样的一句话能够让双方的情绪冷静下来，因此更显得尤为重要。

这种跟进有个诀窍，就是越快越好。**如果想等一段时间让彼此冷静下来，多数时候都会招致反效果。**

本章介绍我对日常交流的一些心得，以及无印良品现场所指导的交流方法。

真心想夸奖时"不要直言不讳"

无印良品的店长们似乎也在夸奖店员方面下了很大功夫。

经营建议书中也写到了"一定要在沟通时找到至少一个方面进行夸奖""在结果不错的时候,首先要夸奖""尽量用肯定而非否定的话语来开头"。这些都是无印良品前辈店长的总结,足可见在交流中,夸奖方法是个很关键的重点。虽说如此,若平常没有习惯夸奖别人,一旦想要夸奖,却往往会因为词穷而大伤脑筋。

每个人心里都希望"别人认同自己"。

因此,没有人会讨厌别人的夸奖。

只要能够感到自己的存在和自己的行动得到了公正的评价,那个人就会获得极大的满足感,得以保持"再接再厉"的积极性。

直接夸奖员工本人固然可行,但我更经常使用**"间接的夸奖"**这种方法。

简而言之，就是不把自己的赞美之词直接说给对方，而是通过第三者向他传达"我夸奖他了"的事实。

拿我自己来举个例子，在接受杂志之类的采访时，我会对记者说："如果是关于那个主题，我希望你去采访一下这个部门的这个下属。无印良品在中国之所以那么成功，他的功劳是最大的。"

这样一来，记者在采访那名下属时肯定会说："松井先生因为这样的理由向我推荐了你"，那么，那名下属自然也会认为"我的工作得到认可了"。

我认为，相比面对面说："你干得很好。"还是间接转达那个意思能够让下属的愉悦程度更高。

在市场营销中经常运用到这样一种心理效应，叫做"温莎效应"。比起当事人直接传达"这个很好""这个很美味"，人们更倾向于信任没有利害关系的第三者口中的"这个很好""这个很美味"，并更容易对其抱有好感。口口相传的效果远比直接宣传要大得多。

或许"间接夸奖"也属于其中之一吧。

例如跟同事聚会喝酒，可以考虑提起当时不在场的下属，夸奖他"最近很努力呢"。那么，通过那位同事，下属很可能就会得知"课长夸奖我了"。

还有另一种方法，就是在合作对象的面前夸奖说："我让下属接了某某工作，他可是我们公司的明日之星呢。"这样一来，在合作对象见到那名下属时，如果告诉他"我听说上司对你的评价不错呢"。那名下属就会知道自己得到了褒奖，定会因此而感到高兴。

如此这般，要找出一个褒奖之词有可能传达给本人的路径，间接地夸奖。

一旦那些夸奖传到了本人耳中，下属自然会高兴地意识到"原来自己的工作得到了这么大的认可"，并因此更有积极性了。

"挖掘失误的背景"是领导者的工作

以团队为单位展开工作,自然不能避免有人出现失误。

此时若指责失误的事实并不会有多少效果。**因为当事人早已在后悔自己的失误。**可是,若只说一句"下次注意",却也无法解决问题或预防错误再次发生。

领导者的工作,就是在训斥之前先挖掘失误和矛盾的背景。

当失误的原因只是单纯的"人为过失"时,只能重新审视机制,并加以改善。

例如在制作传单和广告时,在校对环节忽略了错字。

这种时候仅凭一句"下次注意"恐怕是不行的。如果双重检查还不够,那就全体人员共同检查,或是制定强行空出检查时间的机制,这样就能解决问题。因为每个人就算再怎么注意不犯错,最后还是会出现失误的。假如忘却了这个大前提,一味相信"只要认真做就绝对不会出错",那样反倒会引发更大的问题。单纯的错误若不用机制来加以弥补,是绝对不可能减少的。

接下来，再假设失误的原因是理解不足。

吩咐下属："把这份资料送到合作公司去。"结果下属却送到了别的合作公司。这一定是因为上司没有正确传达自己的指示，或者上司的指示正确，下属却没有理解正确。

不管怎么说，当理解方式不一样时，就必须**回溯到当时的场景，共同检讨"当时到底是怎么出现差错的"**。

若结果证明是下属理解不足导致的失误，那下次就让下属复述一遍上司的指示，或者上司亲自向下属确认一遍。如果是上司没有正确传达，那就老实道歉，下次改用手写便签传达指示的方法即可解决。

要预防这种事情的发生，在直接下达指示后再用邮件和笔墨进行补充的效果更为确切。口头说明必然存在一定的局限性，尤其是时间、地点、数字这类容易产生误解的细节，在下达指示时一定要用文字来说明。

形成文字还有另一个好处，就是万一发生问题时，可以避免双方陷入"我说了""你没说"的混乱局面，更加容易找到问题出在什么地方。

失误和问题背后隐藏着各种各样的原因。

但更重要的是，下次能够将这些失误和问题防患于未然。最糟糕的是失误和问题被隐瞒。如果一个组织只会追究个人的责任，必然会引发"隐瞒"的意识。就算只是一个极小的失误，一旦隐瞒已经成了日常习惯，最终都会导致大失误和大问题被隐瞒。

为了避免这种情况，只能迅速查明原因，并制定防患于未然的对策。

失误和问题想必是所有组织和团队最应该共享的信息了。 MUJIGRAM 里也有题为"危机管理"的章节，里面选取了过去发生的一些问题，详细介绍了应对方法。我们不应该将失误和问题视为耻辱，而应该将其当成财富，并营造一个让员工愿意汇报任何问题的环境。

领导者们务必牢记，失误是必然的，表面的怒斥不能解决任何问题，斥责对方没有任何好处。

"下属的反驳"有八成是正确的

"部长，恕我直言……"

在下属这样反驳时，上司很容易出于自尊而加倍反驳对方。

可是，下属对上司建言必然有一定的理由。只要仔细听取下属的反驳，就会发现他们多数时候是正确的，我认为，若是"**格外强烈的反驳**"，**那对方有八成是正确的**。

因此，上司对下属的反驳"洗耳恭听"是最为理想的策略。

或许各位会想，"那不会被下属小看了吗？"其实不仅不会被小看，下属还会对你倍加信任。

前著中也有介绍，我试图在公司营造彼此打招呼问候的习惯。

于是，我跟其他公司高管一道，每天早晨八点就站在电梯间，挨个对来上班的员工打招呼。

可是没过多久，员工就开始提出："看到松井先生站在公司门口，让我们一大早就开始紧张了。"

如果我当场驳斥："不，在公司完全养成互相问候的习惯之前，我是不会罢休的。"结果会如何呢?这个问候就会摇身一变成为"强制"。人只要抱有"奉命行事"的心情,就无法学到任何东西。若不让他们自发地决定"我要做",员工就不会将这个当成自己的事。

于是我诚恳地接受了大家的意见,改为每月一次站在门口跟员工打招呼。

现在,公司里出现了一个鼓励彼此问候的"问候小队",员工们每天早晨都会轮流站在电梯间向同事打招呼。

所谓自尊,有一半来自于"倔强"。

为了毫无意义的倔强而压制下属的意见,这种行为无论对公司、对团队还是对领导者自身都毫无建设性。

而且认为上司绝对正确,下属绝对错误的想法本身就是一种傲慢。

此外,上司在舍弃"微不足道的自尊"时,还要同时舍弃"微不足道的正论"。

例如在过去有一段时期，一旦过了上班时间就会紧闭办公室大门，不准迟到员工进入。迟到确实会影响周围的同事，因此关上大门的行为乍一看好像也是正确的。可是如果现在还采取那样的行动，被关在外面的员工很可能第二天就再也不来公司了。也就是说，不能一口咬定"迟到的人有错"，而应该思考不让员工迟到的方法。

重要的并非那些微不足道的正论，而是带着大局观念看待事物。

"应该尊敬上级""有经验的人懂得更多"。

仅坚持这些微不足道的正论，只会让下属抱怨不断，失去追随上级的意愿。

只要倾听下属的意见，就会发现在排除了立场不同和利害人际关系的交错后，他们往往能够说中本质。如果采用了那些意见，对团队和企业都是有极大益处的。

如果为了团队能够舍弃私心，那就是一个好领导。

对借口要"追究到底"

在发生失误和问题时,人们总是会想找借口。

对于这些借口不能听完就算,而要"追究到底"。

但这并不是要把找借口的人逼进死胡同,而是追究问题发生的原因。

首先是与问题相关的人员不止一个的情况。

例如发生订货失误时,相关人员不仅在公司内部,还延伸到了公司外部。如果只是一次失误,那么无论再怎么小心也难以避免,可以对其安抚:"下次注意就好了。"可是,频繁发生的失误却绝不能忽视。

这种时候最重要的是**将相关人员召集起来,在现场确认事实**。就算涉及合作公司的员工,也必须请他们抽空前来参与。

只听一个人陈述,或是到处打听,这都不是解决问题的妥当方法。如果只听个人的说法,所有人都会为了回避责任而找借口。

这样一来，个人感情和臆测就会混杂在一起，孕育出谎言和隐瞒，甚至在谎言上面重叠谎言，使整个问题复杂化。那样一来，就很难找到问题的根本原因了。

所以要将全体人员召集起来，同时听取每一方"不，我们确实把交货期告诉你们了""我们在下单时也确认过了"的说辞，从中寻找原因。只要各自再把下单记录等资料带来，就能顺藤摸瓜，找出到底是在哪个环节出现了纰漏。

工厂发生问题便聚集在工厂，店铺发生问题便聚集在店铺，这是一个关键。若是订货出现问题，有可能会出现"我送了""你没送"这样毫无意义的争论，此时就要**将事实摆在面前进行确认，才能确保不陷入混乱。**

查清原因之后，不能一味指责："是你的对接工作没做好"，而应该提出："今后要怎么预防这种问题呢？"然后一起研究不再发生类似失误的办法。这样一来，问题就能顺利解决。

如果没有任何数据资料，仅凭口头进行交流，那就成了问题发生的根源。那么最好的解决策略就是制定使用数据资料进行交流的机制。

不管怎么说，一味谴责人的行动无法解决问题。必须思考该如何改善让人不得不找借口的事实。

接下来讲讲单独犯错和引起问题的情况。

假设吩咐下属准备的资料迟迟没有完成。下属借口说："别的工作太忙了。"此时各位会如何处理呢？

就算斥责对方说："既然做不到就应该老实说啊！"这样也是解决不了问题的。

这种情况，只要深入追究"太忙"的理由，就能找到隐藏在背后的真正原因。

有可能是那名下属负责的工作实在太多了，也有可能其他上司也给他安排了工作。甚至有可能是下属不知道如何使用 PPT 这种很基本的问题。

在寻找真正原因的过程中，上司也可能会意识到自己应该改变对下属下达指令的方法。

有可能只是单纯地没有说明"这份资料在什么时候必须给我"而已。

如果只说"赶快",对方也无法理解到底要多快。为了避免误解,最基本的做法是下达指示的人明确说明什么时候要做好、需要那份资料的原因、应该注意哪些方面。

在发生失误和问题时,才更需要进行充分的交流。如果交流过于暧昧不清,双方都会产生不信任,使关系越来越恶化。

处理投诉时,接到报告第一时间与顾客进行交流已经变成了理所当然的常识。同样,在发生问题的时候,也必须优先处理那个问题。

即便容忍借口,也不能容忍不去追究原因。只要有了这样的意识,相信无论什么问题都能顺利解决。

正确认识到人的缺点是"改不了"的

我极少大声怒斥别人。而且我认为,本公司的员工也会承认这一点。可是有这么一件事,却让我忍不住提高了音量。

那是有一年某个合作公司邀请我们参加联欢会时发生的事情。

可能是因为酒劲上来了,我的一名下属突然对合作方说:"今天我有很重要的事。为什么偏偏要挑今天来开什么联欢会?"

那天是日本队参加世界杯预选赛的日子。而那名下属是个狂热的球迷,想必是想守着电视看比赛吧。

联欢会结束后,我把他叫住,大声呵斥他:"你刚才怎么能说那种话!太扯淡了。"直到现在还有一些下属对当时的场面记忆犹新,可以想见我当时的火气有多大。特别是"太扯淡了"这句话,我只在特别生气的时候才会说。

他是个工作成绩十分优秀的员工,对自己的工作也充满热情。可是那人对下属非常严格,有时甚至会瞧不起合作公司。在人家专门为我们准备的联欢会上毫不掩饰自己的态度,证明他当时确实是过于自大了。

就算如此，如果遭到斥责后知道反省也是好的。可是他却始终用借口搪塞，还一直心怀不满。这件事让我意识到，无论多么有诚意地训斥，人都是不会轻易改变的。后来，他就离开了无印良品。

当一个人表现出缺点和短处，周围的人自然会想加以改善。

对性格内向的部下说："你应该习惯当着很多人说话。"然后让他负责作报告，让粗心大意的部下学会记笔记。可是，这些举动通常都会无疾而终。

自己的性格都难以改变，更遑论改变他人的性格。人的缺点是改不了的，若试图勉强矫正，反倒会把对方逼得走投无路。

虽说如此，要对其置之不理也不容易。如果置之不理，不仅对那个人没好处，对周围的人也不会有好影响。

那么，领导者究竟该怎么做呢？

其实，**人的性格虽然无法改变，却可以改变他们的行动。**

而要改变人的行动有两种办法，一是改变周围的环境，二是改变自己对那个人的想法。

· 改变环境

我不太擅长整理，房间总是很凌乱。

可是一旦事关工作要用到的公开文书，我却能总结到一张 A4 纸里面。因为那样更有效率。

换句话说，我不擅长为了"整理"而展开行动，却对为了"效率"展开行动很有积极性。

只要改变环境让一个人能够保持积极性，他的行动也会随之改变。

假设有一个人过于害怕失败，不敢对新的工作发起挑战。

这种时候，只要营造一个让他不必害怕失败的环境就可以了。如果上司和前辈一味在会议中对其点名批评，一点错误都指责不断，那名员工就会越来越放不开手脚。为了防止这种情况，可以时刻注意以下几点：

"开会时把注意力集中到议题本身。""就算失败也决不在众人面前谴责。"

这样一来，那名员工也会慢慢地改变自己的行动，产生"不如在会上试着发言吧""不如大胆挑战一下吧"的想法。

或许还可以建立让员工汇报自身挑战的机制。下属在日常汇报中提到："今天在XX会议上提出了自己的方案。"上司回复："你的发言很不错。"那么他下次发言就会更有积极性。

· 改变自己对那个人的想法

改变他人的性格十分困难，与此相比，改变自己的想法却容易得多。

诀窍就在于持有夸奖对方长处的"专注优点"的视角。

在面对长处和短处时，人们会不自觉地专注于短处。比起寻找对方的优点，我们通常更擅长发现缺点。可是，需要改变的正是自己的这种视角。

有很多人"工作很认真，可是动作太慢"，针对这种人，就要认可他"工作很认真"的优点。毕竟相比工作速度快却粗心大意的人，还是动作稍慢却认真仔细的人更值得信赖。要求性格严谨的人"再粗略一点"，对方也是做不到的，反之亦然。如果硬要改变别人做不到的地方，结果很有可能会连他本身的长处也破坏了。

首先要毫无保留地接受那个人的性格。如果要缩短工作所需的时间，就在此基础上分析他究竟在什么地方花了不必要的时间，再考虑改善对策。那种性格的人大多在并不怎么重要的细节上花了太多时间，因此只要让他们学会如何安排优先顺序，或许就能保证在恰当的时间内完成工作。

只要习惯了这种方法，工作时间自然会缩短。此时只要再夸奖一句："这次很快啊。"那么他下次应该会更加努力地缩短工作时间。

如此这般，与其改变一个人的性格，倒不如想办法改变他的行动更为简单。这比试图用精神理论改变一个人要现实得多。

激励"没有冲劲的下属"

想必有很多领导者都烦恼于该如何激励部下的"冲劲"。

就算鼓励他们"加油干""我很看好你",效果也无法维持很长时间。

可是,报酬和地位的提升又不能轻易许诺,而且人本来就不是单靠报酬和地位这些"胡萝卜"来保持动力的。

多数缺乏干劲的部下都无法从目前的工作中找到价值。或许有人会想,干劲必须看个人的心情来决定,但我认为,周围的人也可以营造出激励干劲的环境。

例如单纯作业和杂务是较难产生价值感的工作。

在无印良品的店铺工作中,有折叠衣物这种很单调的作业。如果只对新人店员说:"把这些衣服叠一下吧"。对方可能会觉得"真麻烦"。甚至有可能在收拾被客人拿起来看过的衣服时,产生"他就不能只看不碰吗"这种本末倒置的想法。还有的人会随便应付了事,认为"只要叠起来就好了"。

可是,如果叠得整整齐齐地陈列起来,不仅更方便顾客观看,还能让他们保持愉悦的购物心情。可以说,干净整洁的店铺环境是无印良品风格的一部分。折叠衣物,整理被弄乱的展示商品,这些微不足道的操作是营造让顾客还想再来的店铺气氛的重要步骤。

各位可以尝试一下,商品摆放散乱和整齐陈列两种情况会给营业额造成多大的差距。

只有将这种工作的目的和重要性传达给员工,才能让他们真正理解"我的工作为给顾客创造愉悦的购物体验起到了作用"。并且,只要感到自己的工作十分重要,员工就能从中感到价值,自然也就有了干劲。

还有不少人轻视了复印文件和端茶倒水这类杂务。可是,复印文件其实是非常重要的工作。如果缺页或混入错印资料的文件被拿到会议和报告中使用,就有可能导致很大的损失。

还有端茶倒水，这是让客人体会到公司热情的重要业务环节。如果喝到泡得恰到好处的茶水，客人可能会产生"这个公司的员工教育很不错"的想法，从而对我们予以信任。

越是琐碎的工作，越能体现真正的价值。只要明白这一点，就会发现无论什么工作都有意义，同时也能意识到自己承担着重大任务。

另一个方法，就是让员工积累成功体验。

没有人会对自己的成功无动于衷，而且成功最能让人感到自己的价值。

先分配略高于本人能力的工作，待其成功之后再一点一点提高目标。在这样的过程中，员工能够切实体会到自己的成长，从而获得成就感。

这种时候，突然分配过于艰难的工作反而会打压员工的积极性，因此需要慎重地分析员工的能力。并且在顺利完成工作后，周围的人要给予夸奖。哪怕是这种细微的回应，也能对没有干劲的人起到激励作用。

干劲并非是能够从外部"注入"的东西。必须让对方心中自行生成,因此必须思考能够激励干劲的方法。

一百次讨论不如一次聚会

在商界，最为重要的就是交流。完成业务能力次之，只要能够与他人进行通畅的交流，基本上所有工作都能顺利推进。

为了进行交流，在会议上展开讨论固然重要，可是仅仅如此却无法看清对方的本质。

最近越来越多的年轻人不喜欢参加聚会，开始抱有只在工作时间有接触便可的冷漠想法。那或许是因为最近的年轻人越来越不擅长交流，也可能是因为他们并不了解交流的乐趣。

说不定有些年轻人觉得，去参加聚会无非就是听上司和前辈吐苦水发牢骚或者自我夸耀，没什么好玩的，因此才会敬而远之。

那就意味着，只要上司和前辈愿意讲有意思的故事，他们就会很高兴地参加。找不到人参加聚会的领导者，说不定是因为自己缺乏号召力。

是否有人认为，自己年轻时都耐着性子参加聚会了，所以现在的年轻人也应该耐着性子来参加呢？若不改变这种想法，年轻人就会越来越疏远你。

而且，连下属都吸引不了的领导者，真的能吸引顾客吗？

作为一个亘古不变的交流方法，聚会无疑是具有一定效果的。讨论一百次，还不如一起喝杯酒，说不定就能成为无话不谈的关系。

我认为，特别是刚刚成为领导者的人，更应该积极制造大家在一起喝酒聚会的机会。

这样能够更快看清自己的团队成员都属于哪些类型。如果只在公司说一些不痛不痒的话，则很难对彼此敞开心扉，如果不再谈论工作，而是讨论兴趣和个人生活，就更容易交心。

只是，一旦成为部长这样的管理层人物，就不可避免地会与下属产生距离感，因此哪怕你主动邀请别人去喝酒，人家也有可能婉拒。由于立场和阶层的变化而改变交流方式，这是不可避免的事情。

要认清**管理层人物基本都是"通过日常业务进行交流"**，只在新项目开启之类的特殊时刻搞搞聚会最为稳妥。

此外，酒席还能让团队成员倾诉自己的烦恼。

公司有个常务董事叫小森孝，负责信息系统和总务人事工作。他当时先后在办公家具厂商等公司就职，然后转到无印良品，被安排到了还在担任物流部长的我的手下。

他的工作能力很不错，是个优秀的人才，可是性格却有些敏感。一旦失去信心，就会不停念叨"我要辞职"。因为他一有烦恼脸色就会发青，我只需看上一眼就知道"这家伙又有烦心事了"。

那段时间，我经常拉他一起去喝酒，听他倾诉。

他因为"在以前厂商学到的物流知识一点都不适用"而彻底丧失了自信。

无印良品的产品小到圆珠笔，大到家具，种类多样，连食品都有各自不同的大小尺寸，因此库存管理和运送方式都会截然不同。

而专业生产厂商一般只会生产尺寸相近的商品，反倒更好装车，装载率也更高。装载率越高就越能削减成本，因此我是想让他运用自己在之前厂家学到的物流知识来创建新的物流系统。我记得当时自己对他表明了这一意向，还告诉他周围的人其实没有把这个问题看得如此严重。后来，他在模仿西友物流中心的基础上加以改进，创建了无印良品独特的物流中心机制。

作为上司，跟进每一名下属的情况也是工作之一。

最近的上司作为队员兼管理员，被要求在现场也要做出成绩，因此情况非常严峻，可是为了让工作能够顺利进行，请务必牢记日常的交流方式也是非常重要的。

其中一个基本原则，就是主动敞开心扉，这样一来，只要稍微花上一点时间，对方总是会慢慢对你敞开心扉的。

结语 为了"继承"理念

■并不存在预防大企业病复发的对策？

由于工作关系，我与很多经营者有过交谈，可是每当问到预防大企业病的方法，他们都会异口同声地回答："只能在公司内长鸣警钟。"如果能够利用机制加以改变自然最好，但我也尚未想到合适的方法。

企业最容易放松警惕的并非业绩恶化的时候，而是增收增益的时期。如果在这种时候公司高层开始松懈，骄纵和傲慢的大企业病就会瞬间蔓延开来。

因此，我时常告诫自己和员工："胜而不骄"是不可能的。

日立制作所的前会长川村隆在日立干了一辈子，当上副社长后，又被派往集团公司，随后就任了会长。后来日立制作所遭遇世界金融危机，二〇〇九年三月期间出现了7873亿日元的巨额赤字。川村氏马上被召回本部担任会长兼社长，仅仅两年就实现了V字恢复。

川村氏召开高管会议时，发现一旦三五个高管聚在一起讨论，政策就会全部变得圆滑起来。

所谓"圆滑"，想必就是不得罪任何人，按照以往的惯例推进的意思吧。这是大企业病的一大症状，会让员工丧失挑战精神。

当时与川村氏一同被派往集团公司的另外两人也被召回，各自就任了副社长。公司体制中共有五名副社长，川村氏就一边与他们讨论，一边推进各种改革。随后，他们通过转向电力和铁路等重型电机领域，迅速撤离电视行业等行动，成功让日立复活了。

我也认为跟众多员工一同讨论经营方针是最愚蠢的行为。因为经营方针必须由公司顶层来制定，并且必须指向明确。

据说日立在陷入巨额赤字时，公司内部充满了紧张气氛，每个员工都抱有危机感。可是在实现V字恢复之后，我又听说他们"马上松懈了"。

所谓大企业病，放在人身上就跟糖尿病差不多。只要控制饮食，每天运动，注意日常生活习惯就能控制症状。可是，若看到健康检查的数值有所好转就松懈下来，偷懒不去运动，一连好几天跑出去喝酒，那么病情又会瞬间恶化。只要一直保持饮食控制和运动习惯，身体状况就是良好的。

应用到企业上，运动就相当于企业的活性化，而食疗则等同于减少浪费，贯彻物资运用的合理化。我认为，只有让两者一直持续下去，才是让企业充满活力，健康长寿的秘诀。

爱社精神或许也是预防大企业病的方法之一。

可是，无印良品员工的爱社精神，其实更应该称之为"爱品牌精神"。许多员工都是因为认同无印良品的理念和商品才加入公司的，因此与其说是"喜欢公司"，更应该说大家都强烈希望"守护无印良品这个品牌"。或许正因为如此,公司才能在业绩恶化,大企业病蔓延的时候,以那些"希望能够出一份力"的员工为中心不断推进改革。

除此之外,还可能因为不间断的调动预防了扭曲的爱社精神。每个公司里多多少少都存在一些只为自己部门考虑的人。那些人虽然也为自己公司的品牌而自豪,可是那种自豪却走错了方向,使人们被宣示权威这种意识束缚了。

要切断那种束缚,最佳的方式就是通过调动不断更换人员。

为了让员工拥有正常的爱社精神,我要再重复一遍,就必须让他们养成全优的视角。为此,最重要的便是通过调动使员工有机会在不同的部门体验工作。

俗话说"流水不腐",一旦停滞下来,无论是清水还是公司都会逐渐浑浊。因此必须时刻保持流动性。

只有公司顶层时刻保持目光警惕,随时摘除危险的萌芽,才能预防大企业病的滋生。这个道理在团队和部门同样适用。

如果能够践行本书讲述的思考方法，想必就能增进团队的活力。也能营造出让大家愉快工作的环境。

可是，一旦松懈下来，局面就会越来越难以控制。

要根除大企业病固然需要时间，与此同时，领导者们也必须铭记，这种病即使治好，也是随时都会复发的。

■公司的成长潜力究竟有多少？

我认为，无印良品的成长潜力是无穷无尽的。

无印良品是在一个大生产、大消费时代，作为一味追逐奢侈品风潮的对立面而诞生的。成立初期，我们秉着"有理由，所以廉价"的理念向顾客们提供品质优良的廉价商品。在那个理念的基础上，我们一直贯彻着简单而富有机能性的商品制作理念。

可是随着时代的变化，仅仅廉价已经不能保证畅销。于是公司在业绩恶化时，决定保持"有理由，所以廉价"这一基本理念，重新审视次级理念。

现在的无印良品次级理念是:"不求'这个才好',只求'这样就好'。"

决定这一理念时,公司的艺术总监原研哉先生说,"这个才好"暗含着微妙的利己主义和不协调倾向,"这样就好"则更趋向于内敛和让步的理性思考。可是,这同时也让人感觉到了偏于屈从的小小不满。而提升这个"就"的层次,关键就在于消解那样的屈从和小小不满。如今,我们为了提升"就"的层次,每天致力于提供价格合理品质优良的商品。

或许有一天,这个理念也会跟不上时代。届时只要再次进化理念,使之顺应时代即可。就算改变次级理念,只要继续坚持低价高品质,运用自然素材,创造简单又方便的日常生活的商品这一无印良品的哲学,应该就能一直为世人所接受。

无印良品在国外逐渐得到接受并非偶然,而是我们不断调整经营机制的成果。正因为我们在开店前都会事先调查每个国家本土市场的不同情况,在此基础上思考店铺销售的商品种类,才能在许多国家得到认可。

另外,世界各地人们眼中的"价值"与无印良品的"价值"相一致也是很大的原因。在包含中国在内的亚洲地区,无印良品的价值体现在"原产日本的优良品质",在欧洲各国,无印良品的价值体现在与日本传统文化相符的精致商品,而在美国,人们则倾向于将无印良品的价值理解为价廉物美的高性价比。像这样,拥有能够在每个国家都适用的发展潜力,正是无印良品的魅力所在。

我一直在想,或许有一天,无印良品的日文商标会完全消失。只要全世界都理解了无印良品的价值观,到那一天,他们可能会只看一眼商品便能判断:"这就是 MUJI 啊。"

在即将迷失理念的方向性时,他们只要回忆我们祖先的功绩即可。江户时代以前的匠人传统工艺品中就蕴含着大量的灵感。正是因为我们的祖先构筑起了全世界独一无二的日本精神,才有了欧美国家在战前就高度评价的"Japonisme[1]"。从那个时代开始,日本的创造物就实现了高度的便利性和排除一切冗余的优秀设计理念。

我确信,无印良品继承了那样的哲学和理念,在今后的时代也会一直为众人所接受。并且,为了实现这一目标,我们还需要"培养下一代"去继承这个品牌的理念。

---

1 法语。日本主义。

MUJIRUSHI RYOHIN NO HITO NO SODATEKATA II SALARYMAN HA KAISHA O HOROBOSU
© Tadamitsu Matsui 2014
Edited by KADOKAWA SHOTEN
First published in Japan in 2014 by KADOKAWA CORPORATION, Tokyo
Chinese translation rights arranged with KADOKAWA CORPORATION, Tokyo through JAPAN UNI AGENCY, INC., Tokyo

图书在版编目（CIP）数据

无印良品育才法则／（日）松井忠三著；吕灵芝译．—北京：新星出版社，2015.12（2018.2重印）
ISBN 978-7-5133-1960-7

Ⅰ．①无… Ⅱ．①松… ②吕… Ⅲ．①轻工业－工业企业管理－人事管理－日本 Ⅳ．① F431.368

中国版本图书馆 CIP 数据核字（2015）第 274355 号

无印良品育才法则

（日）松井忠三 著；吕灵芝 译

策划编辑：	东　洋
责任编辑：	汪　欣
责任印制：	李珊珊
装帧设计：	@broussaille 私制

出版发行：	新星出版社
出 版 人：	马汝军
社　　址：	北京市西城区车公庄大街丙3号楼　100044
网　　址：	www.newstarpress.com
电　　话：	010-88310888
传　　真：	010-65270449
法律顾问：	北京市岳成律师事务所

读者服务：010-88310811　service@newstarpress.com
邮购地址：北京市西城区车公庄大街丙 3 号楼　100044

印　　刷：	北京京都六环印刷厂
开　　本：	787mm×1092mm　1/32
印　　张：	7.375
字　　数：	73千字
版　　次：	2015年12月第一版　2018年2月第四次印刷
书　　号：	ISBN 978-7-5133-1960-7
定　　价：	36.00元

版权专有，侵权必究；如有质量问题，请与印刷厂联系调换。